入学準備 陰山《かげやま》メソッド

小学校でつまずかない もじとかず 家庭ワーク

陰山英男
立命館小学校副校長、立命館大学教授
実践指導
正司昌子
レクタス教育研究所理事長

もくじ

※本書に記載されている「具体策」は、正司昌子先生が考案し「レクタス教育研究所」で実践されているカリキュラムです。

はじめに

小学校入学前の子どもにとって、生活のすべてが勉強です。体験を通してさまざまな力を身につけていきます。私の経験からいっても、勉強のできる子ほど入学前の生活体験が豊かです。私が受け持ったある子は、勉強もよくでき、元気な男の子でした。母親に話を聞いてみると、入学前に親子で毎日のように地域を散策していたそうです。天気によって変わる川の色を観察したり、どんぐりをひろってきて図鑑で調べたりしていたと言います。

もっとも最近は生活体験や自然体験が乏しくても、テストだけは高得点をあげる子がいます。しかし、こうした子どもたちに共通しているのは応用力のなさです。問題を公式どおりに解けても、公式がないとお手上げになってしまいます。主体性が育っていないために、自ら考えることが苦手なのです。

1年生のうちは、学校で習うほとんどが生活に結びついています。ですから、入学前の家庭生活がとても重要になってくるのです。体験がないと「わからない」「できない」の連続で勉強に苦手意識を持ってしまいます。初期に芽ばえた苦手意識は、高学年、場合によっては中学校まで尾を引きます。

陰山英男

勉強は楽しいという気持ちを、まず子どもに持たせてください。そのためには、生活の中で子どもの能力を鍛えることです。自然の中で五感を研ぎ澄ませることです。脳も活発に働くようになります。

ところが、いまは、だれもが忙しい時代です。多くの親が子どもにかかわれなくなってきています。また、どうかかわってよいのかわからない、子育てに自信を持てないという親も少なくありません。

本書は、こうした不安に答えるために、生活の中でできることを31項目にわたって提案しています。ただし、私は高学年の担任しか経験がありません。そこで、入学前の子どもに長年かかわっている正司先生に「具体策」としてアドバイスをいただきました。

31項目はあくまでサンプルです。私たちの提案をきっかけに、お母さんが思いどおりに子どもにかかわるのが最善の方法だと思います。これさえやればという正解は、子育てにも教育にもありません。なぜなら、子どもはひとりひとり違うからです。親もひとりひとり違います。正解がないのに正解を求めようとすると、子育ては常に不安を伴うようになります。それより、目の前の子どもをよく見つめましょう。わが子の変化、それが答えなのです。ささいなことであっても、何かができるようになったことを親子で喜び合うほうがはるかに重要です。本書はそのためのヒント集です。

親子の蜜月時代は人生の中でわずかの期間です。私は人生の黄金期と呼んでいます。小学校入学は、まさに黄金期の真ん中です。わが子と過ごす生活の一瞬、一瞬を大切にしてください。それが結局は学力の土台となるのです。

はじめに

正司昌子

陰山先生とは講演でご一緒したのが縁で、交流が始まりました。すでに陰山先生の実践が注目を浴びていた頃です。私も注目し共鳴していたひとりでした。というのも、私の指導法と共通するところが多かったからです。繰り返し練習させ確実に子どもたちに身につけさせる。勉強と家庭生活を切り離して考えない。先生のこの実践こそ、20年以上幼児教育に携わってきた私が得た結論だったのです。

幼児教室というと、有名私立小学校受験のためだけに存在していると思われがちです。受験テクニックだけを教える教室があることも確かです。

でも、私の教室のお母さん方のほとんどは、わが子の能力を伸ばしてあげたい。でも、どうしていいのかわからない、といった理由から子どもを通わせています。

教室で、何か特別に難しいことを教えているわけではありません。買い物ゲームをしたり、おはじきを数えながら並べたり、パズルをしたり…。ただ、こうした遊びを繰り返すことで、子どもたちのどの能力がどう伸びるのかは、長年の経験から見えてきています。ことに、私の教室はマンツーマンですから、子どもの変化は手に取るようにわかります。言葉を換えれば、子どもの様子を観察しながら、試行錯誤しつつ生まれた実践でもあるわけです。

本書では、私の教室で実践しているプログラムの中から入学直前の子どもたちにおすすめしたいものを「具体策」として紹介しています。どれも家庭で実行できることばかりです。

この本の編集を担当してくださった小学館の青山明子さんは、5歳の息子さんの母親でもあります。実際に、本書のいくつかを実践してもらったところ、2週間で息子さんに変化が表れたと言います。毎日忙しい生活を送りながらも、保育園の送り迎えの途中で、あるいはレストランで、時にはお風呂の中での実践でした。それだけでも子どもは変わるものなのです。

といって、お母さん、どうぞ、焦らないでください。変化が見られないからと、すぐにあきらめないでください。能力が開花する時期には個人差があります。粘り強く、肩の力を抜いて子どもとつきあっていきましょう。根気よく働きかけていれば、必ず伸びる時期がきます。

特に、すべての実践を通して私がお母さんにお願いしたいのは、子どもに語りかけてほしいということです。語りかけたからといって、たちまち変わるというものではありません。でも、子どもはお母さんの言葉を体に蓄積させていきます。そして、いつかは必ず能力を発揮させるのです。気長に働きかけ、気楽に構えていましょう。大丈夫です、どの子も伸びる能力を持っているのですから。

読み

ひらがながだいたい読めて
3文字程度の単語を
読めるようにしておく

ひらがな全部を読めなくてもかまいません。大よそ読めればいいでしょう。大切なのは、文字に関心があるか、興味を示すようになっているか、この一点です。

たいていの子どもは一定の年齢を迎えると、自然と文字に関心を持ち始めます。

「これ、なんて読むの?」と聞く子もいれば、じっと文字を見つめるようになる子もいます。このタイミングを逃さないで、すぐに教えてあげてください。

わが子が小さいころ、私も聞かれれば難しい漢字でもどんどん教えてきました。ただし、教えたからといって、そこで覚えたわけではありません。すぐに忘れてしまいます。重要なのは文字を覚えたかどうかではありません。「わかった」という喜びを子どもが味わえることなんです。

問題は「これ、なんて読むの?」と聞ける環境にあるかどうかです。子どもの好きな絵本が家の中にたくさんあれば、自然と文字を目にする機会は多くなります。ときには子どもあてに、手紙を書いてあげれば、「読みたい」という気持ちが心の底から湧き起こるはずです。

ところが、こうした環境作りがなされていないのに、学校で読めないと困るからと、子どもの不安をあおるようにして教え込む親がいます。これでは、文字を読むことが喜びではなく、苦痛になってしまいます。

実際ひらがなを1字も読めないと学校で困るのは確かです。でも、読めないことを不安の種にするのではなく、「読めるようになると楽しい」というポジティブな気持ちを持たせてください。そのためにも、文字に親しめる環境を作ってあげてほしいのです。

1年生のうちは、勉強が楽しいと思えることが何より重要です。ことに、文字は国語に限らずあらゆる教科の基礎となります。最初の段階で、文字嫌いにさせないようにすることをまずは頭に置いてください。

1 「い」「し」「か」の3文字で単語に親しむ

単語はいくつかのひらがなでできていることを
子ども自身に気づかせてあげましょう。

1年生の国語の教科書では、かなり初期の段階から3文字を使った単語が出てきます。簡単な単語くらいは読めるようにしておいてあげたほうがいいでしょう。もちろん、最初のうちはすらすらと読めなくてもいいんです。ひらがなを組み合わせると言葉になるという認識があれば、数をこなしていくうちに覚えていきます。長い文章が読めるようになるのは、もう少し後で充分です。

入学前は、単語を読める楽しさを存分に味わう時期です。単語を読む機会を作ってあげましょう。そして言葉を読めた、この大きな飛躍を親子で喜びあってください。

具体策

ひらがなをだいたい読めるようになったら、2文字（3文字でもかまいません）をカードにして単語遊びをしましょう。

私が教室のお母さん方にすすめているのは、「い」「し」「か」の3文字遊びです。「いし」「しか」「かい」「いか」などと子どもが思い浮かべやすい単語をいくつも作れるからです。

もし、「い」「し」「か」を読むのに、少し手間取るようなら、いちばんの近道はカードです。

1枚につき1文字、「い」「し」「か」と書いたカードを何枚も作り、部屋の数か所に貼っておきます。そして、「い」「し」「か」のカードの前を通るたびに「これは『い』よ、こっちが『し』よ」というように、子どもに語りかけるようにします。

こうして1字ずつ読めるようになっても、最初は「い」と「し」で「いし」だと子どもはわかりません。でも、そのうちに、ばらばらに覚えていた「い」と「し」が組み合わさって「いし」と読むことに気がつきます。この瞬間を逃さないでください。「いま、石って聞こえたわよ。すごい、石って読めたんだ」と大げさなくらいにほめてあげてください。

この3文字の組み合わせでいくつもの単語が読めるようになったら、新しい1字のカードを加えて、また単語を作ります。5、6語作るとひらがなの組み合わせで言葉ができることを理解できるようになるでしょう。すると、今度はどんな言葉ができるかなという期待に変わり、読むのが楽しくなってきます。大切なのは、3枚のカードの文字を軸にしながら、新しく覚える文字を少しずつ増やしていくことです。こうして単語を身近なものにしてください。

画用紙を切って、文字のカードを作ります。同じものを何枚も用意して、部屋の何か所かに貼りましょう。カードの前を通るたびに「これは『い』よ」と語りかけるようにします。３文字を間違えなく瞬時に読めるようになるまで、何回も何日も繰り返します。

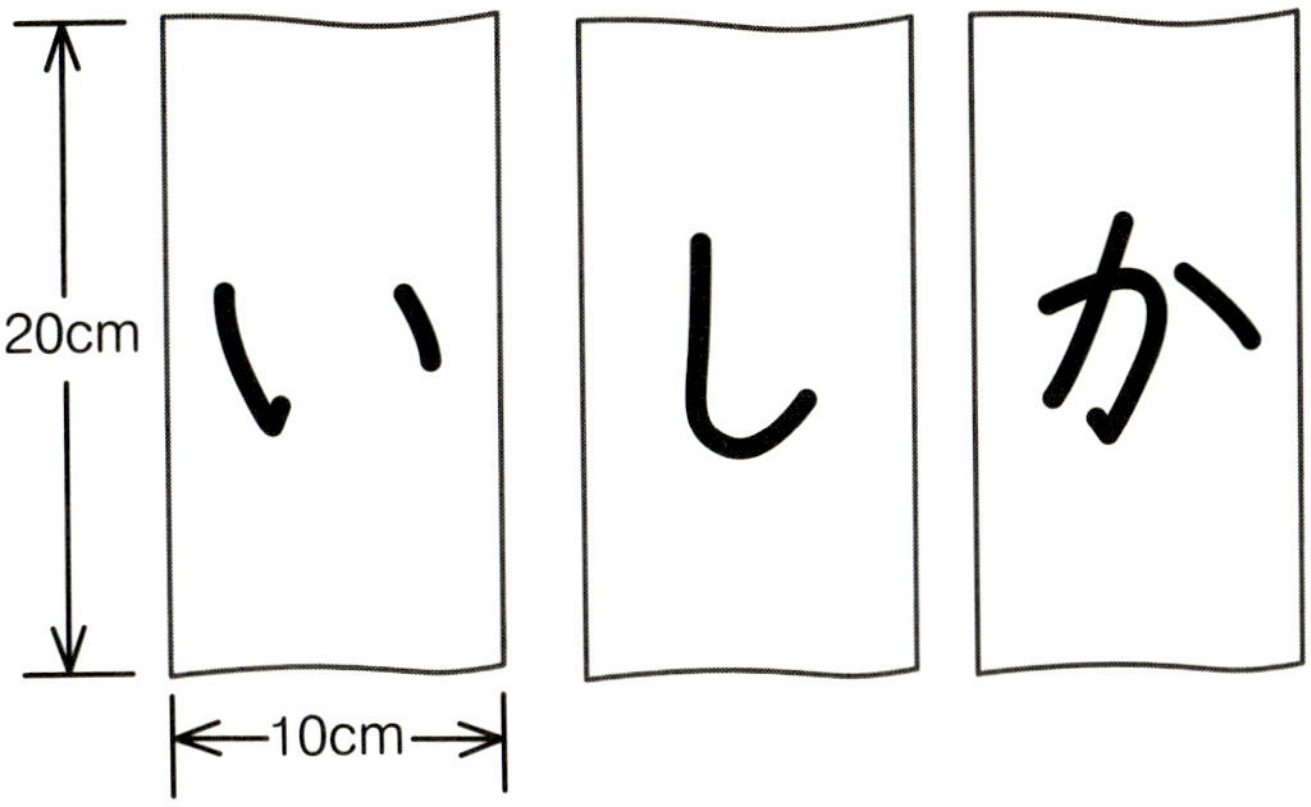

ふたつの文字が組み合わさると、ひとつの単語ができることを子ども自身に気づかせてください。はじめから「いし」と教えずに、子どもが、自分で発見することが大切です。

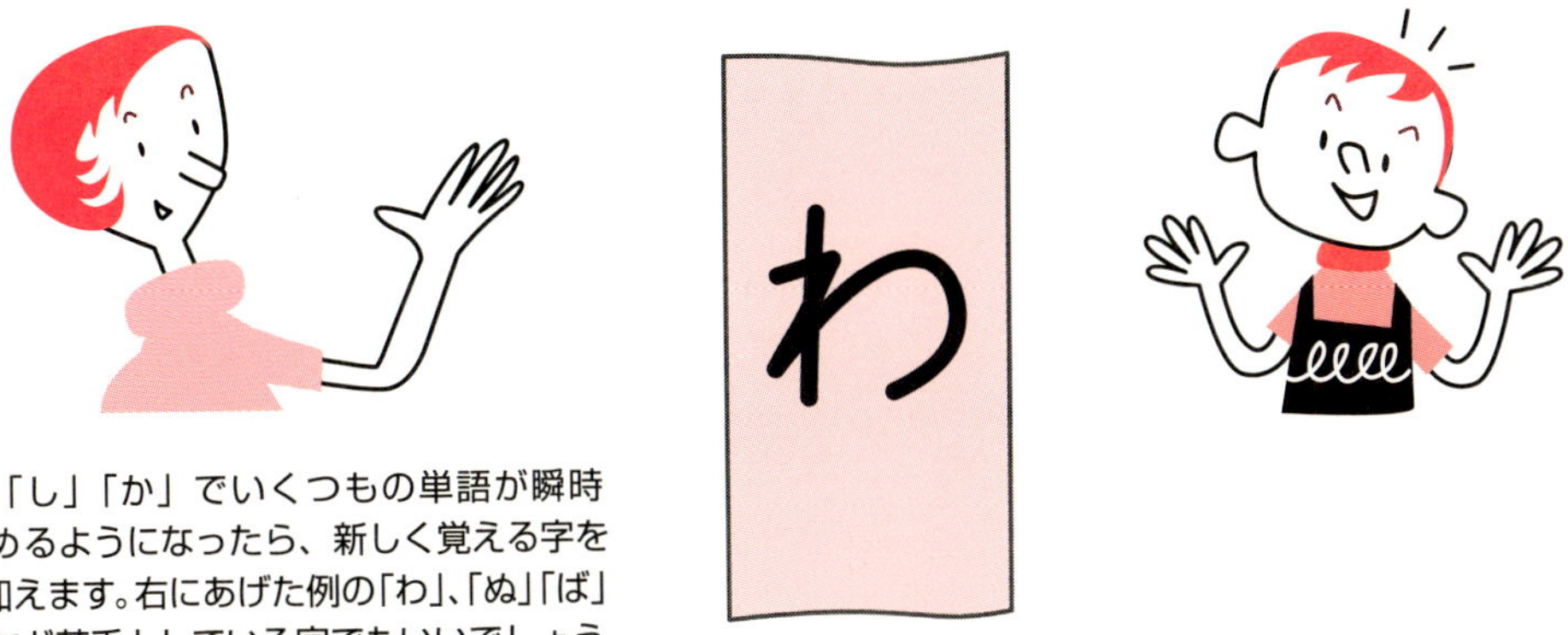

「い」「し」「か」でいくつもの単語が瞬時に読めるようになったら、新しく覚える字を１字加えます。右にあげた例の「わ」、「ぬ」「ば」「ゃ」など苦手としている字でもいいでしょう。新しい単語ができることがわかります。

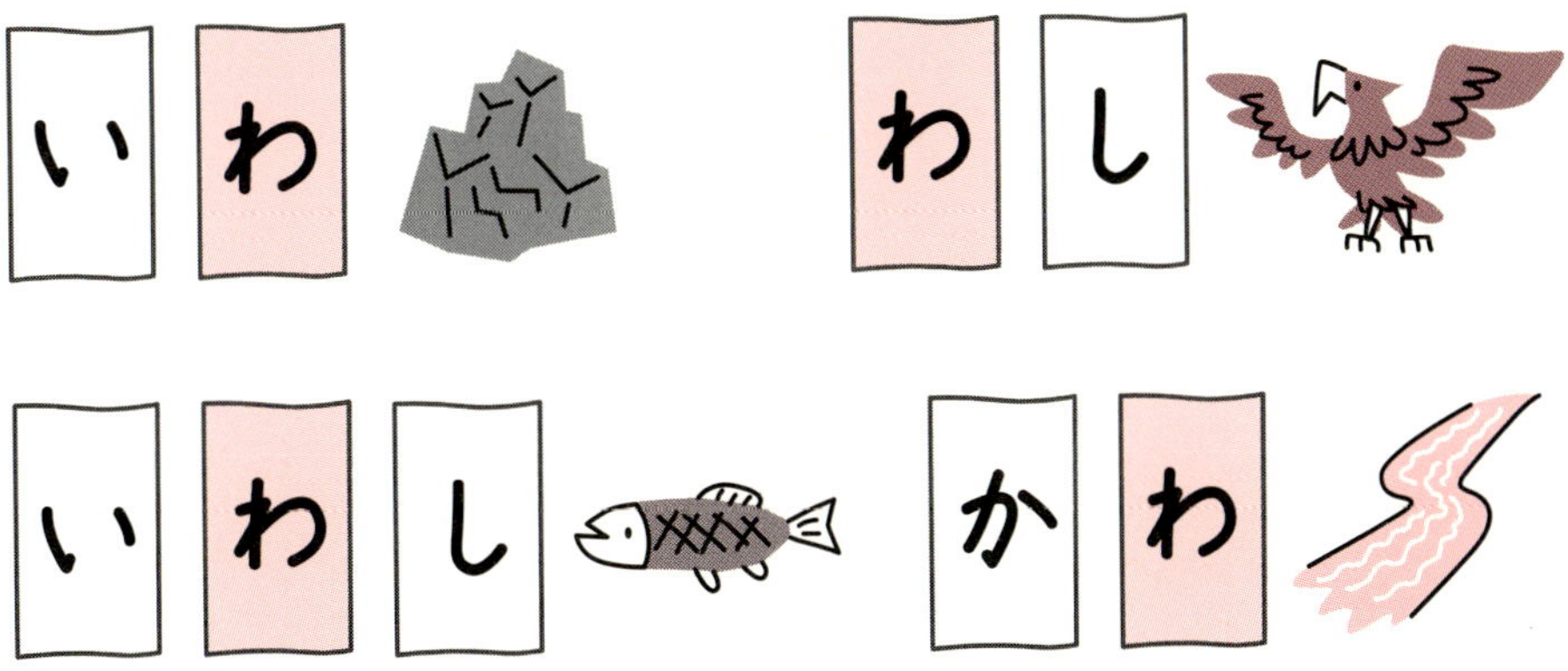

2 ひらがな50音表は絵のないものを使う

絵と文字をセットで覚えてしまうよりも、文字だけのほうが単語をすんなりと読めます。

私は、新しく習う漢字をひと通りサッと教えて、残りの時間を徹底的に復習にあてています。子どもたちは苦しみながらも、かなり効率良く習得していきます。しかし、これは読み書きのできる高学年だから可能な話。文字習得の入り口、つまり就学前の子どもには、逆に、1字ずつ時間をかけて、ていねいに教えることが重要です。ただし、家庭では教え込むのではなく、あくまで楽しく文字に親しませてください。

カタカナに関しては、子どもが覚えられるようであれば、教えるという程度でかまいません。あまり無理に教え込まないようにしましょう。字を覚えると楽しいと思えるだけで充分です。

具体策

1字1字を判読するのに時間がかかると、単語や文章の読みで手間取ることがあります。「おかあさんが～」を、「おー、かー、あー、さー、んー、がー」と読んでいては、「がー」まできたときには、最初の字を忘れてしまっています。

文字を素早く読めるようになるために、私が実践しているのは、文字だけが書かれたカードの遊びです。味気ないと思われるかもしれませんが、子どもは形に敏感に反応します。「『や』を持ってきてください」と言うと、パッと「や」のカードを持ってくるようになります。

絵が描かれている50音表やカルタも楽しいとは思いますが、文字と絵をセットで覚えてしまうようです。このため、たとえば「あし」と読むのを、あひるの「あ」、しかの「し」というようにワンクッション置いてしまいます。

絵のないひらがな50音表やカードは、家庭でも簡単に作れます。92ページに文字だけの「ひらがなの表」を掲載しました。コピーしてそのまま貼っておけます。拡大して、1文字ずつ切り、裏に厚い紙を貼りつけると、ひらがなカルタにもなります。10ページで紹介した3文字読みにも利用できます。

どの字から教えてもかまいませんが、子どもにはそれぞれ自分の好きな形の字があります。「ほ」の形が好きな子なら、「本が好きでしょ、これが『ほ』という字よ」と教えてあげましょう。本の「ほ」ではなく、単に「ほ」だけでいいのです。ななちゃんという名前なら「『な』という字はこれよ」というように。

最初は3文字くらいが適当でしょう、だんだんと増やしていくようにします。

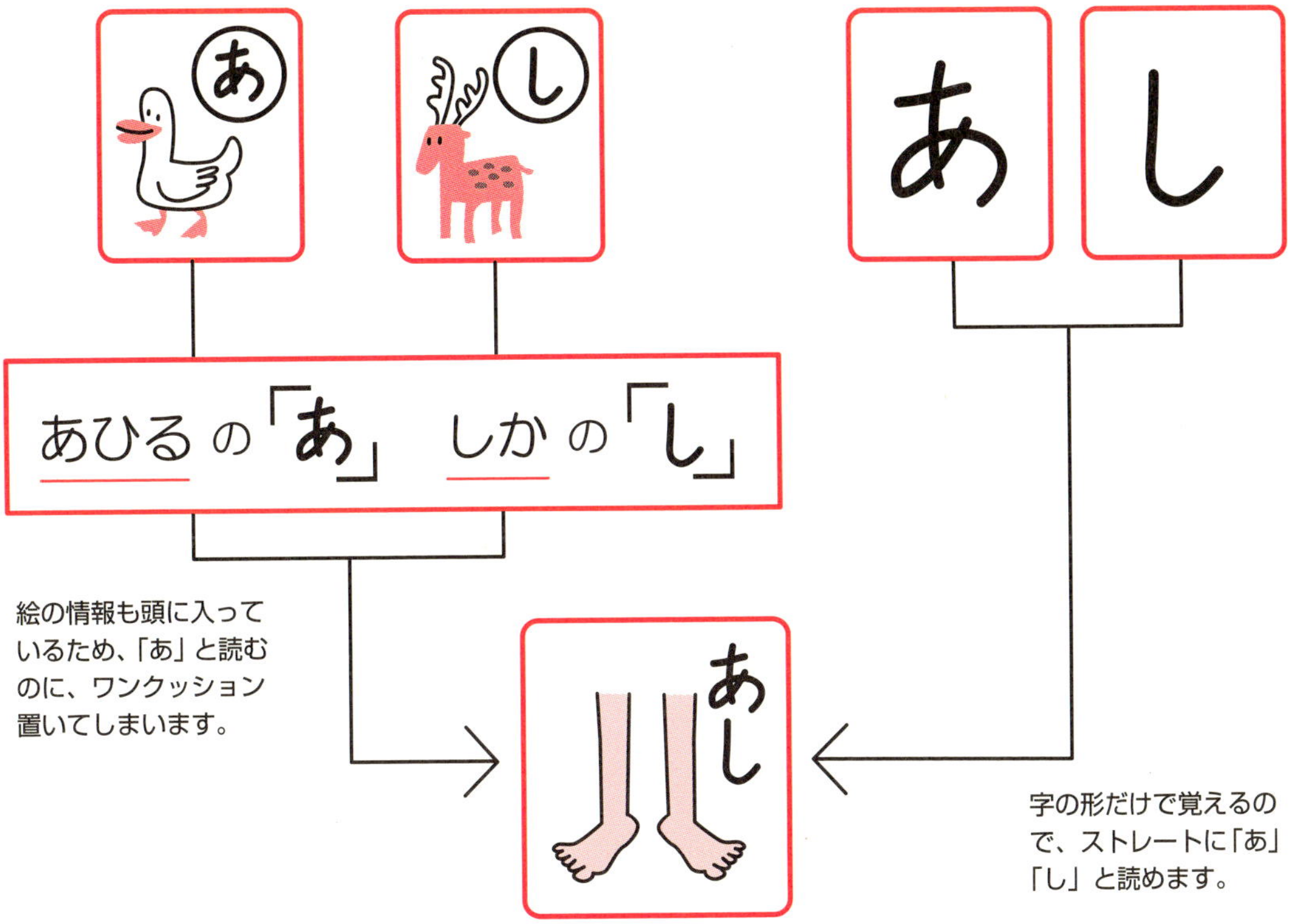

絵の情報も頭に入っているため、「あ」と読むのに、ワンクッション置いてしまいます。

字の形だけで覚えるので、ストレートに「あ」「し」と読めます。

読み

3「この字、読める?」と聞かない

つい聞いてしまいがち。読めないという
コンプレックスを植えつけてしまうことがあります。

勉強嫌いの最大の原因はコンプレックスです。コンプレックスを植えつけてしまうと「できない」「わからない」という気持ちが先に立ち、取り組む意欲が湧かなくなってしまいます。取り組もうとしないから、ますますできなくなる、という悪循環に陥ってしまうのです。小学校に上がる前から、劣等感を持たせることのないようにしてください。ことに入学を目前にすると、お母さん自身が不安に駆られてしまい、子どもを追いつめてしまうことがあります。あれができていない、これを教えなければ、と焦ってしまうんですね。それで、つい「この字、読める?」と聞いてしまう。勉強するうえで大切なのは自信です。子どもが自信をなくすような言動は控えるようにしましょう。特に読みは勉強の基礎となります。まずは、「読めることは楽しい」から、スタートさせましょう。

具体策

子どもは試されるのが嫌いです。また、試されていることに敏感です。子どもが読めない字を探して教えたい気持ちはわかりますが、試しに読ませるようなことは避けたいものです。読もうとしなくなります。私の教室でも、試しに読ませて、子どもをひらがな嫌いにしてしまったお母さんが何人もいました。せっかく、少しずつ読めるようになったのに、もったいない話です。

子どもが絶対に読める字を指して「これ、なんて読むんだっけ」と聞く。これはかまいません。むしろ、積極的に聞いてほしいですね。繰り返すことで、読める字を確実に習得させることができます。強化すべきは読める字であって、読めない字ではないのです。ここを誤解しないでください。

子どもが苦手としている字だけを集めて、教えようとするお母さんがいます。これでは「読めない」という気持ちしか子どもには残りません。嫌いなおかずだけを山盛りにして、食べさせるようなものです。

読めない字は、その場で教えてあげればいいのです。「これ、なんて読むの?」と子どもが尋ねたときこそ、絶好のタイミングです。また、子どもが聞きたくなるような状況を作るのもいいでしょう。読める字で組み合わせた単語カードの中に、ひとつだけ読めない字を混ぜておく(10ページ参照)。読める字だけで書かれた手紙に、ひとつふたつ読めない字を織り込む(18ページ参照)。こうすると、「なんて読むの?」と自然に聞きたくなるでしょう。

くれぐれも、「この間、教えたでしょ」「こんな字も読めないの」などと叱ることのないようにしてください。

「これ、なんて読むの?」と子どもが尋ねたときが、絶好のタイミング。すぐに教えてあげましょう。「忙しいから後でね」は禁物です。後では、子どもは尋ねたことすら忘れてしまいます。読めたらほめてあげる。これも大切です。

読み

4 自分の名前を読めるようにさせておく

**学校に入ると、すぐに必要になります。
目にする機会を増やすだけで、覚えるのでご安心を。**

小学校では、靴箱や教室の物入れにひらがなで名前が書かれています。実用的な面から見ても、自分の名前を読めるようにしておくことは大切です。自分の靴箱がどこかわからないとなると、教室に入る前から子どもは混乱してしまいます。子どもが混乱しそうな事態は、できる限り取り除いてあげてください。名前を読めるようにしておくのもそのひとつ。

私の教えていた小学校の1年生の教室をご紹介しましょう。各自の机の左端にひらがなで書かれた氏名が貼ってあります。椅子に座るといやでも目に入るので覚えられます。

文字の中でも、自分の名前はとりわけ愛情が持てるはずです。家庭で少し教えてあげたら、覚えられると思います。

具体策

ひらがなが全部読めなくても、自分の名前だけならパターンとして覚えられます。名前を書いた紙を冷蔵庫のドアや部屋の目につくところ何か所かに貼って「これ、『やまだりえ』って読むのよ」というように教えてあげましょう。もちろん、持ち物にも名前を書くようにします。その子にもよりますが、だいたい5日もあれば覚えてしまいます。

おばあちゃんと手紙やはがきのやりとりをするのもいいでしょう。まず、おばあちゃんから子どもあてに手紙やはがきを送ってもらいます。あて名には「やまだりえちゃん」と書いてもらいましょう。あて名を指差し、「これ、りえちゃんの名前よ」と教えてください。文面はお母さんが読んであげますが、返事を書くのは子どもです。絵でもかまいません。もし、「やまだりえ」のどれか1文字でも書ける字があれば、その文字だけを書いて、「差出人」にしてもいいと思います。

ひらがなで覚えたら、漢字でも読めるようにしてあげましょう。漢字そのものの知識はなくても、子どもは形で認識できるようになるものです。「漢字で書くと『山田利恵』。立派な字ね」とひと言。漢字で書かれた自分の名前が、子どもの目には特別な存在として映るでしょう。

名前を読めるようになったら、今度は、お友達の名前を書いた紙と並べ「どっちが、りえちゃんの名前かな?」と聞いてみます。きっと答えられるはずです。そのときは、大いにほめてあげてください。間違えたとしても、心配することはありません。その子にとって、目に触れる回数が少なかっただけです。目にする回数を増やせば必ず覚えます。

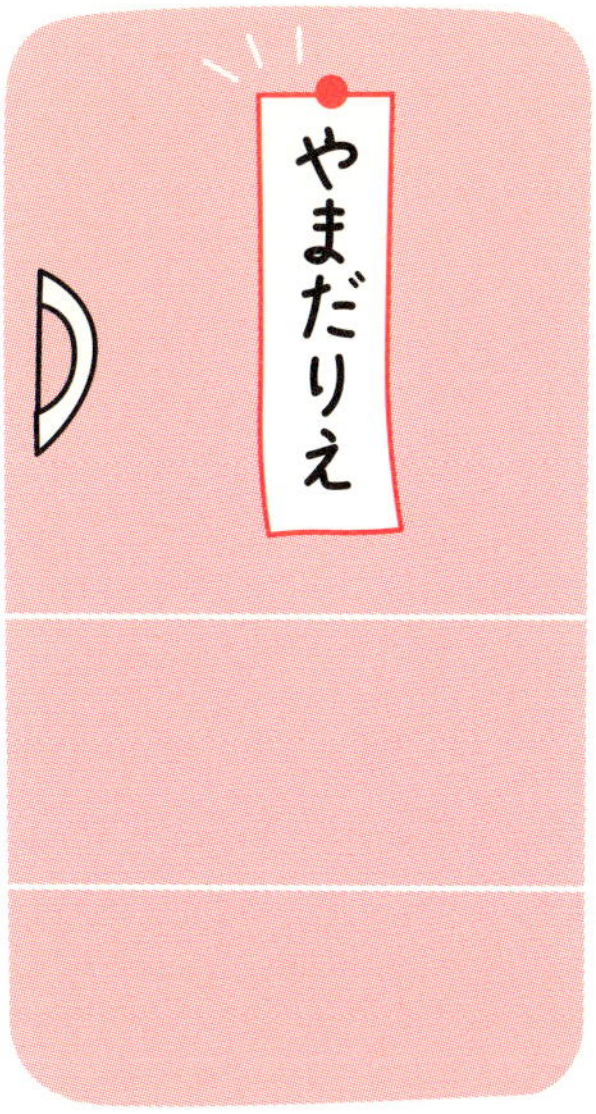

名前を書いた紙を冷蔵庫の扉に貼っておきます。冷蔵庫の前を通るたびに、口に出して「これが、『やまだりえ』よ」と教えてあげましょう。

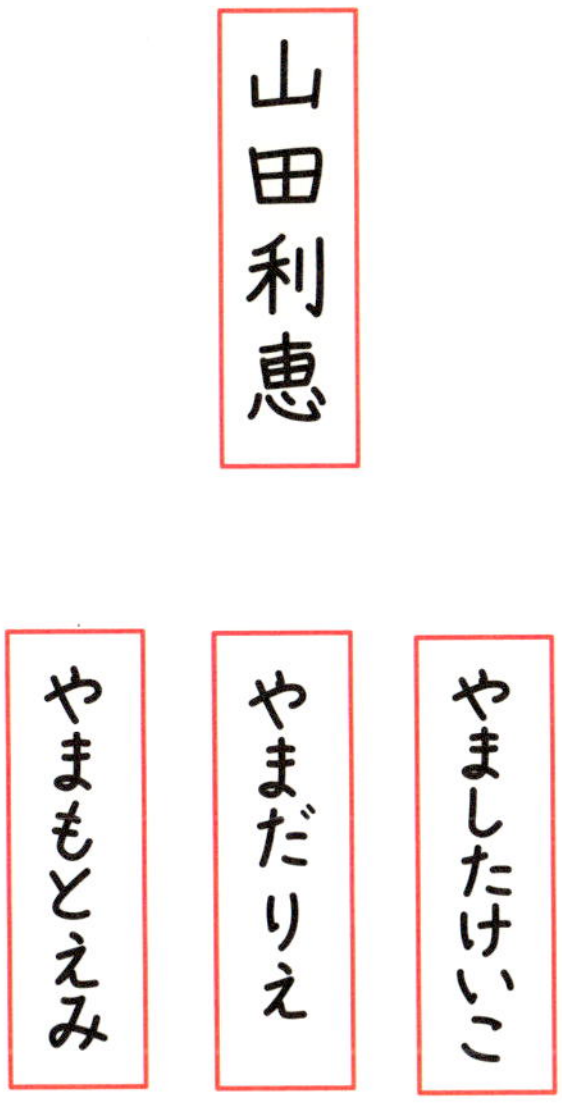

ふたりか３人ぐらいのお友達の名前を書いて、「どれが『やまだりえ』かな？」と聞いてみましょう。漢字でも読めるようにしましょう。

トイレにも貼っておきましょう。１日に数回は目にすることができます。

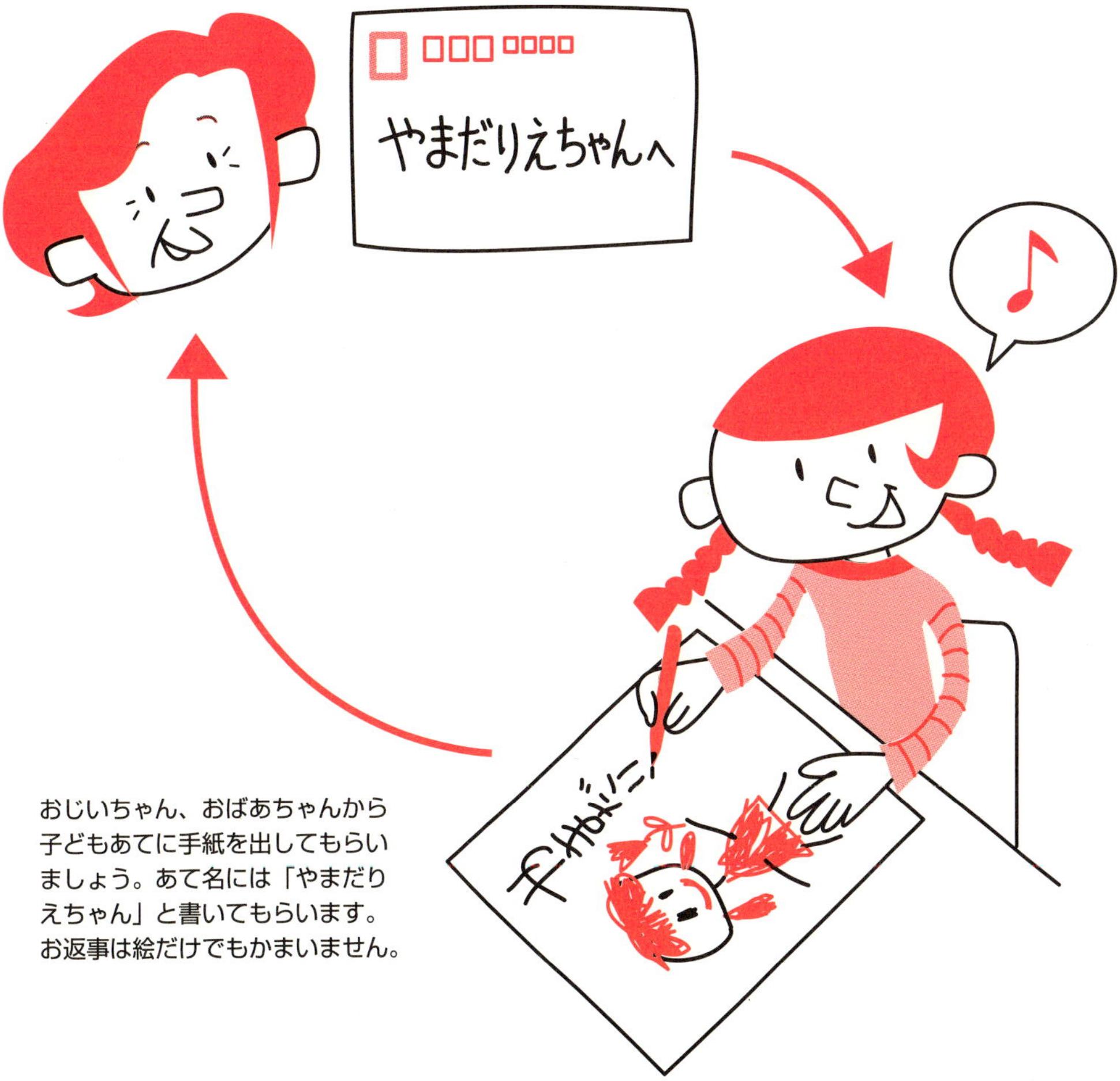

おじいちゃん、おばあちゃんから子どもあてに手紙を出してもらいましょう。あて名には「やまだりえちゃん」と書いてもらいます。お返事は絵だけでもかまいません。

読み

5 子どもあてに、毎日1行の手紙を書く

これ以上優れた国語教材はありません。
苦手な字もこっそり混ぜておきましょう。

読みたいという気持ちが自然に湧いてくる。文面から書いた人の気持ちを受け止める。お母さん、お父さんからの手紙は、最高の国語の教材になります。

読める、読めないが問題ではありません。自分のためにだけ書かれた文字に、子どもは限りない愛着を覚えるはずです。

文字はコミュニケーションの手段でもあると気づいたとき、子どもは自分からも書きたくなるでしょう。私の前任校でも、1年生の授業に手紙を取り入れていました。

具体策

子どもは自分あてに手紙をもらうのが大好きです。頻繁に手紙を書いてあげましょう。といって、長い文面では読むのがたいへんです。お母さん自身も手間がかかりすぎて長続きしません。1行でいいんです。「やまだりえちゃんへ あしたはえんそくですね。ママより」といったように。

「はい、これお手紙よ」と手渡してあげてください。読めなければ、お母さん自身が読んであげてもいいでしょう。

1行手紙は、特に働いているお母さんにおすすめします。子どもと過ごす時間が短くても、中身の濃いコミュニケーションを図れます。子どもにとっては、手紙そのものがお母さんです。いつも、そばにいてくれるような気持ちになれるでしょう。

手紙は保育園や幼稚園の先生に預けて、先生から子どもに手渡してもらってもよいと思います。子どもが読めなければ、先生に読んでもらうようにお願いしましょう。

ある程度、字が読めて1行の手紙になれてきたら、次は2行、3行と少しずつ増やしていきます。ときどきは、読めない字を織り込み、「これ、なんて読むの?」と子どもが読みたくなるようにしてあげてください。

手紙は気持ちを伝える手段です。難しいことを書く必要はありませんが、1行に子どもへの気持ちを込めてもらいたいと思います。

お母さんだけではなく、もちろん、お父さんに書いてもらうのもいいですね。子どもが寝静まった頃に帰宅し、朝早くに出社するようなお父さん、コミュニケーション不足と嘆かず、子どもの枕元に1行の手紙を置いてみてはどうですか。喜んで読むようになると思います。

りえちゃんへ
あしたは えんそくですね
ママより

文字がある程度読める子なら、読める字だけを使った１行の手紙を書いてあげます。

りえちゃんへ
にちようびは デパートで
おかいもの しようね。
ママより

１行になれてきたら、２行に増やしたり、読めない字を混ぜたりして、少しずつステップアップ。

働いているお母さんは、保育園や幼稚園の先生から手渡してもらってもよいでしょう。字が読めなければ、先生に読んでもらうようお願いします。

読み

6 家族の郵便物を仕分けしてもらおう

家族の名前を漢字で覚えるのも
字を読む楽しみのひとつ。子どもは形で覚えます。

文字に親しむ場は、生活の中のいたるところにあります。たとえば、郵便物などもそのひとつ。もっとも身近な家族の名前が書かれています。お父さん、お母さんの名前はこれよと教え、漢字に親しませるのもいいでしょう。

漢字なんて、まだ無理と思わないでください。子どもは漢字を図形として捉《とら》えています。書けなくても、形で覚えてしまうのです。その分析力は、大人が思っている以上に優れています。

漢字の入り口が何も教科書であったり、ドリルでなければならない理由はありません。文字を身近に感じられるようになればいいのです。

具体策

家族の名前くらいなら、子どもはすぐに漢字で覚えます。文字を形で捉《とら》えているからです。ですから、子どもにとっては、ひらがなよりも、漢字のほうが覚えるのは簡単なんです。

最初に「これがお父さんの名前よ、これがお母さんの名前よ」と漢字で書かれた名前を見せます。次にクイズ式に「お父さんの名前はどれでしょう?」と聞いてみます。当たったら「ピンポン、ピンポン」、外れたら「ブー」です。これを5回くらい繰り返してください。これだけであっさりと覚えられるものです。ただし、あくまで形で覚えているだけです。本当に漢字が読めているわけではありません。この形がお父さん、お母さんといった程度の認識です。でも、いまの時期は、それで充分です。

ただ、せっかく覚えたのですから、その力を発揮できるといいですね。陰山先生のおっしゃる家族あての郵便物の仕分けもいいアイディアだと思います。子どもあてにダイレクトメールなどが届くことも少なくありません。そこで、お父さん、お母さん、子ども、それぞれに専用の箱を作り、郵便物を入れてもらうようにするのです。郵便屋さんごっこですね。お手伝いにもなります。

子どもに決まったお手伝いをさせるのは、とても大切です。家族の一員という自覚が芽ばえるからです。郵便屋さんごっこなら、負担にならずに、家族からも喜ばれて、やりがいのあるお手伝いになります。きっと毎日、幼稚園から帰ると真っ先にポストに飛んでいくようになると思います。

5、6歳の子どもでも自分の両親の名前を知らない子が多いといいます。でも、こんなお手伝いなら、簡単に覚えられるはずです。

たまには、子どもあてに、おじいちゃん、おばちゃんから手紙を出してもらいましょう。

家族それぞれに専用の箱を作り、そこに郵便物を入れてもらいましょう。漢字で家族の名前が覚えられて、しかもお手伝いにもなってと一石二鳥です。

7 子どもが選んだ本で文字を覚えさせる

何事も好きなものから入るのが近道。
好きな本なら繰り返し開くようになります。

子どもが自分で選んだ本は、当然のことながら、愛着を持っている本です。いつも目に触れるところに置いてあげてください。いつでも手に取れるようにしておいてください。好きなときに手にすることができれば、それだけ文字に親しむ機会が増えます。「読んで」と頼まれたら、もちろん何度でも読んであげるようにします。そこで、文字を教え込もうとしなくてもいいんです。環境さえ整えば、子どもは自然と文字を読みたくなります。まして、それが自分で選んだ本となればなおさらです。

具体策

お母さんが読ませたい本と、子どもが好きな本は必ずしも一致しません。文字に親しむといった観点からいうと、子どもが好きな本を優先させるべきでしょう。

何事もそうですが、覚えるには好きなものから入るのがいちばんです。好きであれば、繰り返し見たがります。もっと知りたいという気持ちになります。そして、集中できるのです。

親子で本屋さんや図書館へ足を運び、子どもに本を選ばせてください。まだ、文字があまり読めない段階では、短い文章で書かれた絵本がいいでしょう。乗り物、怪獣、キャラクター、なんでもかまいません。子どもが自分で選んだということが重要です。

最初は、絵に見入っていますが、読んでもらっているうちに、だんだんと話にも気持ちが向くようになってきます。何回も何十回も読んであげましょう。そのうちに絵だけではなく、そこに書かれている文字にも関心を持つようになるでしょう。文字を指差し「これは、『きしゃ』って書いてあるのよ」と教えてあげてください。好きなものだと子どもは早く覚えます。他の字は読めなくても、「きしゃ」という文字をパターンとして認識し、読めるようになることがあります。ただし、覚えさせようとするのではなく、さらっと教える程度にとどめておきましょう。せっかく好きな絵本なのにお勉強になってしまっては、子どもは逃げ出したくなります。

ところで、漫画を敬遠されるお母さんも多いのではないでしょうか。子どもが好きなら漫画も大いに結構。吹き出しの文字を一生懸命読むようになりますから。読む楽しさを制限しないようにしましょう。

図書館や本屋さん、自宅の本棚でも、子どもが自分から手に取って選んだ本を最優先しましょう。何回も何十回も繰り返し読んでもらっているうちに、文字にも関心が移るようになります。

書き

自分の名前をひらがなで書けて、鉛筆の使い方になれるようにしておく

入学までにひらがなをどの程度書ければよいのか、気になるという方も少なくないでしょう。結論から言えば、ひらがな全部を書ける必要はありません。ただ、最低限自分の名前だけは書けたほうがいいでしょう。必要になってきますからね。

この章で、私が問題にしたいのは、ひらがなを何文字書けるかということではありません。文字を書けるようになるために、何が必要なのかを考えてもらいたいのです。大きく分けて、ふたつあると思います。

ひとつは、書くのが楽しいと思えること。まず、スタートはここからです。書きたくなるような道具を用意して環境作りをしてあげましょう。

ふたつめは鉛筆の持ち方です。これがやっかいです。しかも、のちのちまで尾を引きますから、注意が必要です。

近年、子どもたちは、不器用になってきています。手や指の力を使わなくてすむ生活をしているからです。使わなければ手や指の筋肉は発達しません。それが、鉛筆やはしの持ち方にまで影響してきているのです。なれていないだけでは説明のつかない、奇妙な鉛筆の持ち方をしている子が、特に最近、目につくようになりました。

手と指の力がないと、効率の悪い持ち方になってしまい、長時間書き続けることが苦痛になってきます。その結果、文字習得に不可欠な反復練習がつらいものになってしまうのです。

何度も繰り返し書くことによって、字の形を指の筋肉に覚えさせていくのが、反復練習の効果です。ところが、指の筋肉が弱いと、長時間の反復練習に耐えられなくなるのです。また、指の筋肉は融通がききません。いったん間違った動きを覚えてしまうとなかなか軌道修正できません。早い段階で正しい動きを筋肉に覚えさせるようにしたいものです。

文字を書けるか書けないかばかりに気をとられていると、こうした基本を見落としてしまいがちです。

8 おもちゃ箱にも筆記用具を入れておく

いつでも、どこにいても、
書く楽しさを味わえる環境作りが大切です。

わが家では、子どもたちが小さいころ、いろいろな種類の筆記用具をお菓子の缶にガサッと入れていました。紙は、私の仕事上、山ほどありましたから、専用の引き出しを用意して自由に取り出せるようにしていました。

缶ごと持ち歩いて、よくいたずら書きや字を書いたりしていましたね。たくさんの筆記用具が、自分の身近なところにあるだけで、子どもは書きたいという意欲がかき立てられるようです。

具体策

鉛筆の持ち方や文字の書き方を教える前に、まず、書く楽しさをとことん味わえるようにしてあげたいですよね。そのためにも、筆記用具は、しまいこまずに子どもが手に取れるところに置きましょう。1か所だけではなく、何か所かに置くようにします。書きたいと思ったときに、すぐ書けますからね。あるいは、筆記用具を見て何か書きたくなるかもしれません。使ってほしいもの、覚えてほしいことは、いつも子どもの目に触れるようにしておく。子どもが手に取れるところに置いておく。これが原則です。

もうひとつ、紙はふんだんに用意しておき、筆記用具のそばに備えましょう。何も、真っ白なノートでなくてもよいのです。チラシの裏など不要になった紙で充分です。特にカレンダーや包装紙などは大きいので思いきり書けて子どもも大喜びします。

子どもが筆記用具を手にすると、つい持ち方を注意したくなるかもしれません。でも、ここは、我慢。好きに書かせることが大事です。持ち方に触れるのは、あくまで文字の練習をしているときだけにしておきましょう。

ただ、お母さんの悩みは壁やタンスに書かれるいたずら書き。大きな紙を壁やタンスに貼り、いたずら書きのコーナーを作ってあげましょう。そのかわり、いたずら書きをされて困るところは、はっきりと「ここに、書いてはダメよ」と教えておきます。書きたいという気持ちを押さえ込まないようにしましょう。

注意したいのは、絵ばかり描いていて…と無理に文字を書かせないこと。まずは筆記用具になれる、持つ力を鍛える、ということが大切だからです。

どこにいても書けるように各部屋に筆記用具を置いておきます。

カレンダーやチラシを束ねておき、惜しげなく使わせてください。

お菓子の缶はいろんな色や種類の筆記用具を入れるのにピッタリ。

筆記用具は子どもにとっては遊び道具。おもちゃ箱に入れて遊べるようにしましょう。

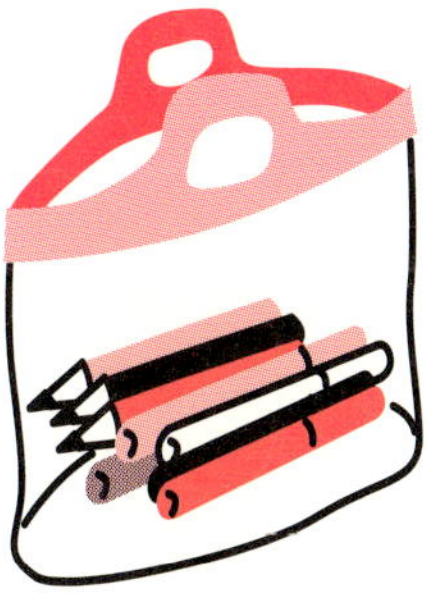

透明なポーチなどに入れておくのも、目について いいでしょう。子どもが持ち歩けます。

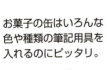

9 びんのふたを開け閉めさせる

手首、指の力が弱くなっている、いまの子どもたち。小指まで全部使いこなして、鍛えましょう。

1年生の子どもたちが文字を書くのを見ていると、手首や指先の力が弱いことに気がつきます。腕全体を動かしてぎこちなく書いている子も少なくありません。これでは、手が疲れてしまって反復練習どころではないでしょう。鉛筆になれるのも大切ですが、まずその前に、手首や指先の力をつけることが先です。

歩かなければ足の筋肉が弱くなるように、指先も使わなければ発達しません。

ボタンひとつで操作できる道具は便利な一方で、指先の力をつける機会を極端に少なくしました。意図的に使わせるようにしないと、手や指の力がつかない。そういう生活環境の中で、いまの子どもたちは生きているんですね。

具体策

最近の子どもたちは、ねじることがうまくできません。普段、指を使いこなしていないからなのです。特に小指の力が弱いのが特徴です。私の教室では、ネジを回すおもちゃや、びんのふたの開け閉めなどで手首や指の力を鍛えています。なかでも、びんのふたの開閉は小指まで使いますから、指を鍛えるには最適です。おはじきなどの教材をびんに入れて、子どもたち自身が出し入れするようにしています。すると、これまで指の力がなかった子が指先を器用に使えるようになるなど、目に見えて効果が上がります。教室のお母さん方にも、家庭でびんのふたの開け閉めをさせてほしいとお願いしています。

でも、ただ開けたり閉めたりするだけでは子どもはおもしろくないでしょう。びんの中におやつを入れて、子ども自身にふたの開け閉めをさせてはどうでしょうか。毎日、自然と指を使うようになります。

びんの種類はいろいろな形のものがあるといいでしょう。口が細く、指先に力を入れないと開かないびん、手首の力まで使って深く大きく回さないとなかなか開かないびんなどを用意して、あめやビスケットなどを入れておきましょう。

もちろん、ねじるだけでなく、つまんだり、引っぱったりすることも指の力をつけるために、大切になります。

ヨーグルトやプリンの容器のふたを開けたり、たんすの引き出しの開け閉め、水道の蛇口ひねり…、気をつけていれば、子どもが日常生活で指先を使う機会はたくさんあります。また、日常的に使ってこそ力がつくのです。1回や2回では指の力はつきません。ぜひとも習慣にしてください。

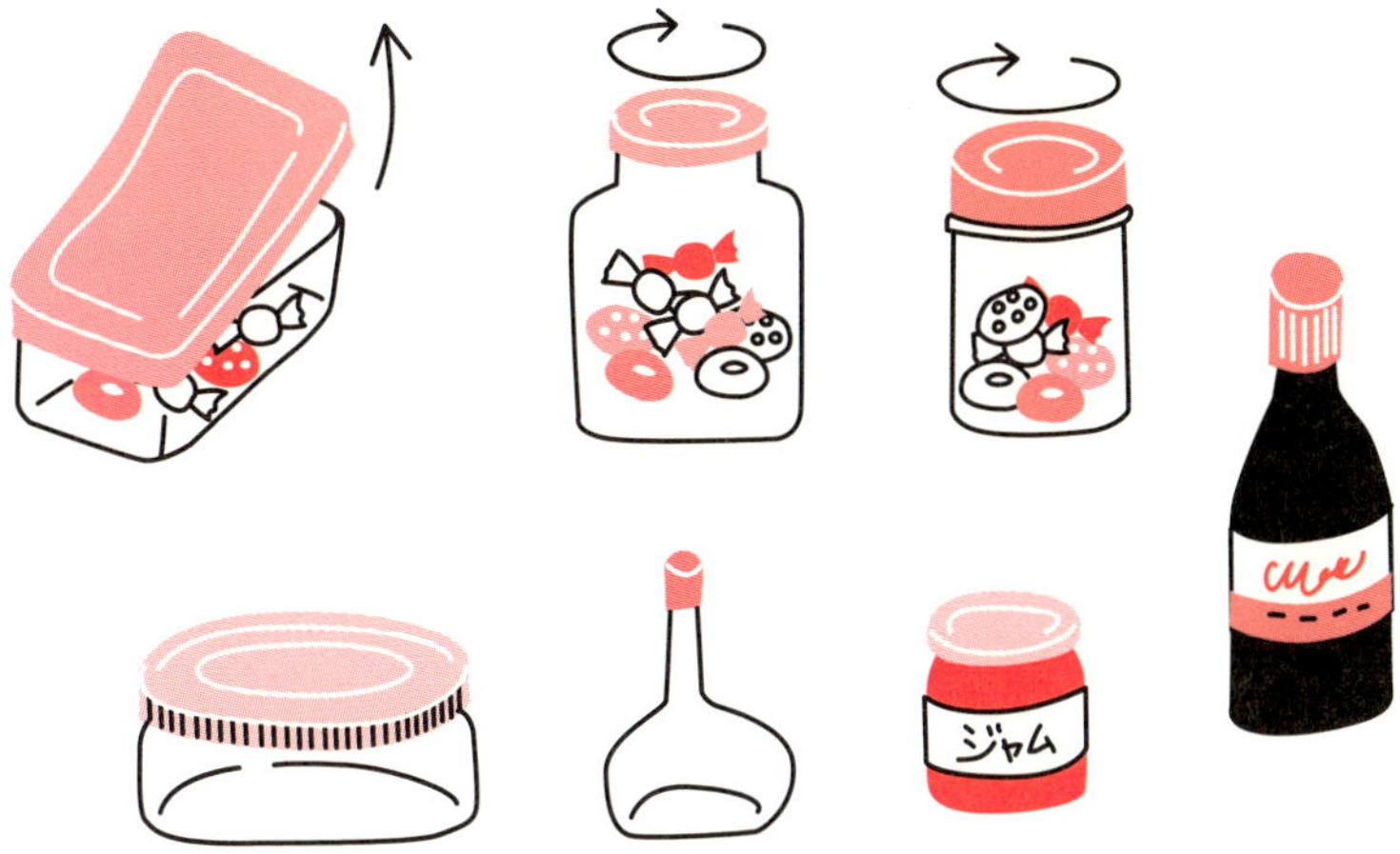

びんのふたは、小指まで使わないと開けられないので、指の力をつけるには最適です。びんにおやつのほか、ビー玉など、お気に入りの遊び道具を入れて、子ども自身に開け閉めさせましょう。深く回すもの、固い口のものなどを用意します。密閉容器の開閉などもいいですね。

ひらがなの曲線を書くために必要なのは手首のしなやかな動き。ぐるぐる書きで練習しましょう。セロハンテープの芯、アイスクリームやヨーグルトなど穴の開いたパッケージを利用するといいでしょう。穴の内側をなぞります。パッケージは数枚重ねて厚くすると繰り返しの使用に耐えられます。

いろんな形に切ったボール紙に洗濯ばさみをはさむ遊び。はさんだり、はずしたりしているうちに、指先の力がつきます。楽にできるようになったら、お母さんとどちらが早くできるか競争です。洗濯ばさみはいろいろな色を100個くらい用意し、おもちゃ箱に入れておきましょう。

10 鉛筆書きは6Bからはじめる

筆圧の弱い子は、小さな丸や曲線を書くのが苦手。なめらかに動かせるよう、芯の軟かな筆記用具を。

児童かきかた研究所所長の高嶋喩《いさむ》先生は、幼児や低学年のための書き方ドリルを数多く開発しておられます。そのなかのひとつに『ぬりもじ』（「具体策」参照）があります。1枚につき1字、ひらがなの輪郭が大きく書かれていて、中を色鉛筆でくるくる塗っていくだけのドリルです。高学年の担任しか経験のない私には、最初、その意図が理解できませんでした。しかし、前任校で1年生の授業を見て納得しました。1年生は小さな丸や曲線をつなげて書くことが苦手です。鉛筆を器用に扱えないことに加えて、筆圧が弱いからです。

鉛筆書きは、小さな子にとって大人が思っている以上に力を要するものなんです。

具体策

最初に手にする鉛筆は芯が軟らかくて、力を入れずに書けるものにしましょう。芯が硬くて薄い鉛筆では、なめらかに書けません。6Bか少なくとも2B以上のものを選んでください。黒にこだわらずに、芯の軟らかな色鉛筆を使って、子どもの好きな色で書かせるのもいいでしょう。私の教室でも「ぬりもじ」を使って小さな丸を書けるようにしています。そのときの筆記用具は芯の軟らかな色鉛筆です。

『ぬりもじ』の表紙(上)。「き」のページ（下)。色鉛筆を使って文字の中をくるくる書いて塗っていきます。『ぬりもじ』は児童かきかた研究所の『幼児用おけいこセット』(3,150円税込送料別）に入っています。発売(有)ユビックス(http://www.yubix.co.jp)。

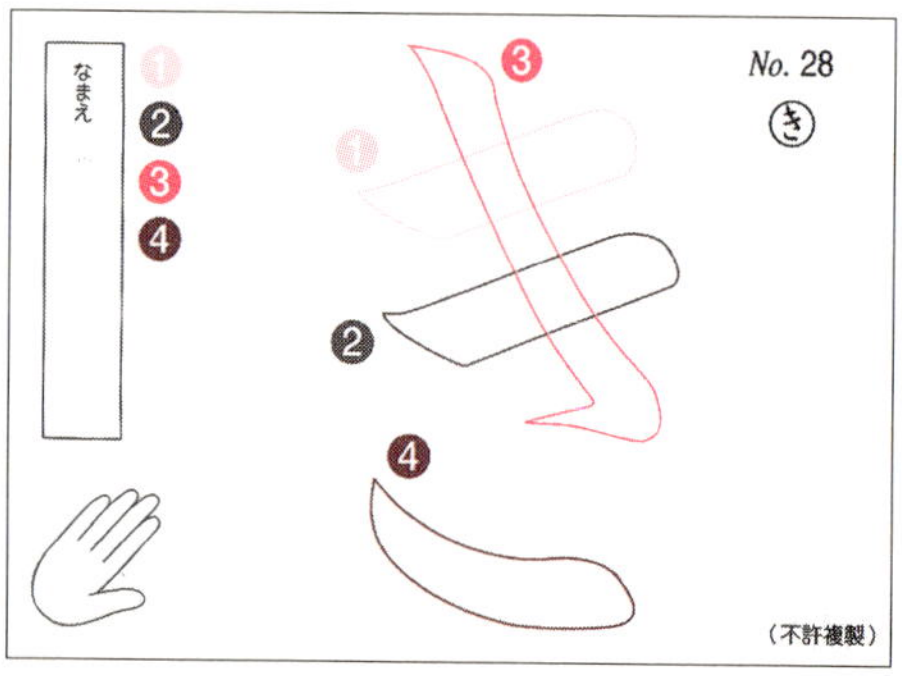

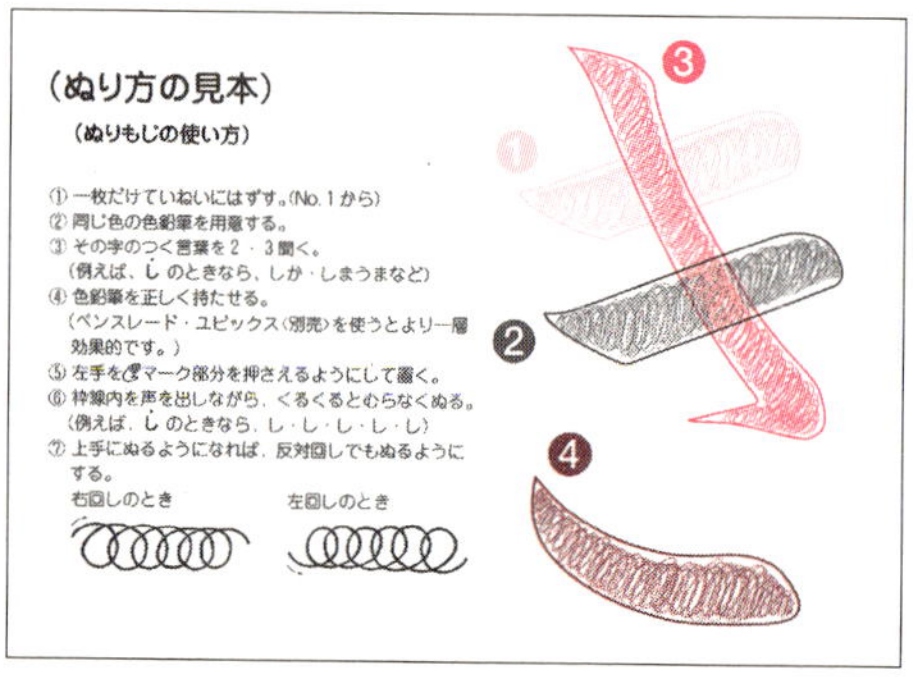

最初は芯の軟らかな筆記用具を使いましょう。色は何色でもかまいません。

6B　**水性ペン**　**クレヨン**

芯の軟らかな筆記用具なら、へんに力を入れずに書くことができます。曲線がある文字も楽に書けます。

芯が硬いと、鉛筆が思うように進まず、腕で書くようになります。曲線がある文字もうまく書けません。

11 鉛筆書きになれるまでは手を添えてあげる

書き出しの位置、鉛筆の運び方など、最初のうちは、文字どおり手助けが必要です。

文字を書くようになったら、鉛筆の運び方を注意深く観察してください。まっすぐの線は引けても、曲線、斜めの線となると手元がぎこちなくありませんか。なれるまでは、手を添えて鉛筆の運び方を教えてあげてください。私自身、そうして親から教わった記憶があります。わが子にもそうして教えてきました。

文字を書き始めたばかりの時期は、書き出しの位置にとまどったり、力の入れ加減はまだまだ未熟です。でも、ちょっとした手助けで子どもはコツをつかめるようになります。

具体策

文字を書くときの鉛筆の運び方は、子どもには難しいものです。お手本を見せても、すぐに書けないでしょう。

最初は手を添えて、書き方を教えてあげてください。そのうちに、添えられた手がうっとうしくなり払いのけるようになります。自分ひとりで書きたいという気持ちになってきたのです。こうなれば、ひとりで書かせるようにしてください。

すでにひとりで書いている場合でも、完全にひとり立ちしているわけではありません。様子を見て、あまりおかしな字を書いているようなら、ときどきは手を添えて正してあげます。あくまで、ときどきです。あまりうるさくしてしまうと、書くのをいやがるようになってしまいます。

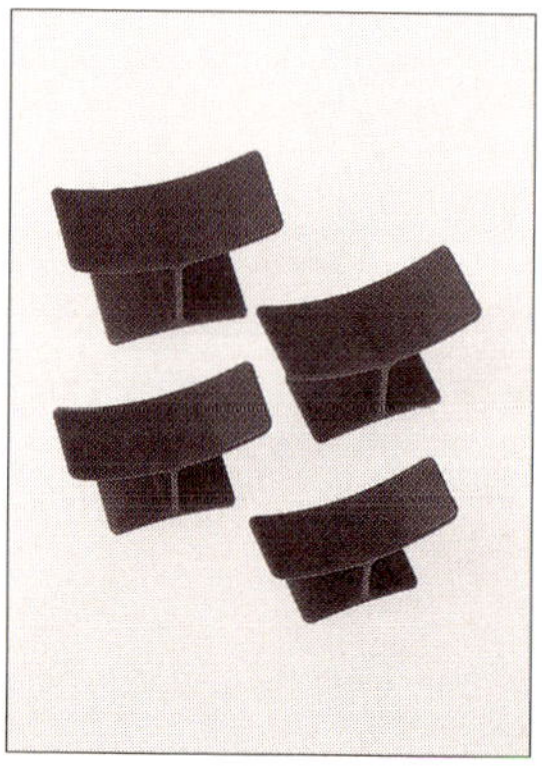

ひとりで書けるようになったら、鉛筆を正しく持てる矯正具を使うのもいいでしょう。写真右は鉛筆の持ち方を補助する「ユビックス」(262円税込送料別)。発売(有)ユビックス(http://www.yubix.co.jp)。人差し指と中指にはさむと、鉛筆の角度も安定し、正しい持ち方を覚えられます(写真上)。指のサイズにあわせて4種類あります。前任校の1年生も使っていました。

最初は手を添えて、鉛筆の運び方になれさせましょう。その際、大人は添える手に力を入れないで、子どもが書くのを文字どおり〝手助け〟するような感じで。

書き

12 名前はなぞり書きからはじめる

最初は、お手本を書いてあげましょう。何回もなぞって書くうちに、指が覚えます。

小学校に上がると、子どもたちはかなり早い時期から名前を書く必要に迫られます。他のひらがなはともかく、自分の名前だけは書けるようにしておいたほうがいいでしょう。ただし、「名前が書けないと小学生になれないからね」といった調子で教え込まないでください。

自分の名前が書ける、それだけで子どもは誇らしく思うはずです。あくまで楽しく、飽きさせないように、教えてもらいたいですね。そして書けるようになったら、必ずほめてあげるようにしましょう。自信につながります。何につけても子どもが自信を持てるように仕向けていきましょう。これも親の大切な役目だと思います。

具体策

陰山先生におこられるかもしれませんが、名前だけは書き順は後まわし。とにかく書けることを優先させてください。もし、まだ書けなければ、なぞり書きからはじめましょう。

名前を書いたお手本を作り、その上をなぞって書けるようにしてあげてください。うまくなぞれないときは、32ページでも触れましたが、手を添えるようにします。

鉛筆だけで、何回も書いていると飽きるかもしれません。「好きな色で書こうか?」、「今度は何色にする?」、「太いペンで書いてみようか?」といったように手を変え品を変えするのが飽きさせないコツです。

それでも、飽きてしまっていたら、そこで終わりにしましょう。避けたいのは、いやがるのに無理やり書かせたり、せっかく子どもが書いた文字にケチをつけることです。書くのがいやになってしまいます。そのかわり、上手になぞれたら、うんとほめてあげましょう。「○○は上手に書けるようになったのよ」と子どもに代わってお父さんの前で報告すると、子どもは喜びます。

お手本なしで、だいたい書けるようになったら、名前を書く機会を作りましょう。私の教室では、プリントなどの提出物には、子ども自身に名前を書かせるようにしています。

家庭でも、子どもが描いた絵、落書き帳などに名前を書くようにしてみてはいかがでしょうか。手紙やはがきも、文面はお母さんが書き、名前だけは子どもに書かせてもいいと思います。

名前が書けるようになった喜びを、子ども自身が、あらゆる場面で存分に味わえるようにしてあげてください。

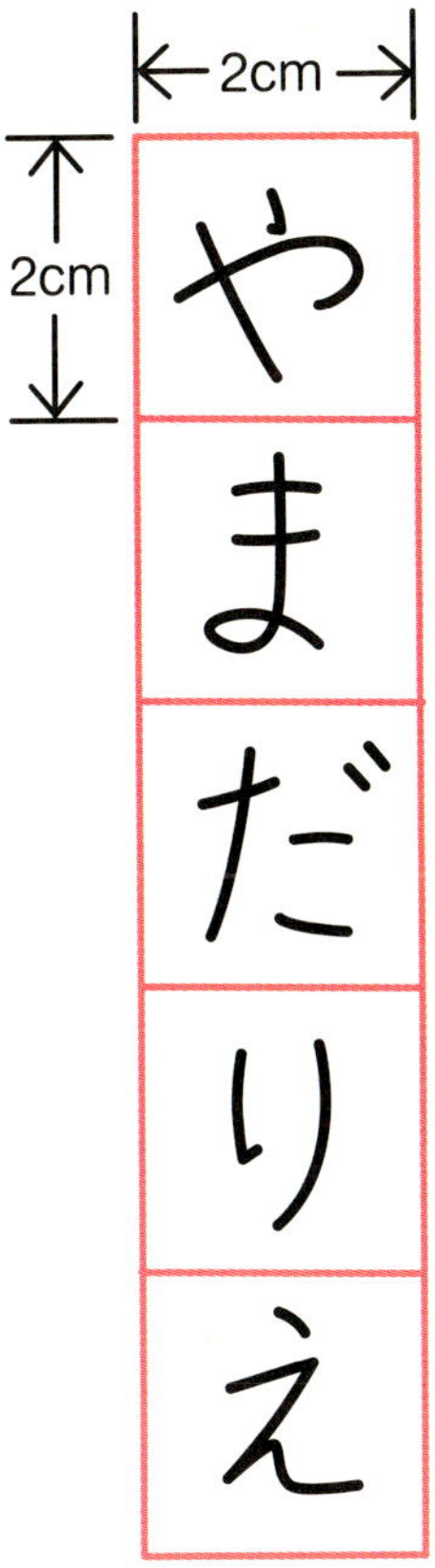

子どもの名前を書いたお手本を作り、その上をなぞれるようにしましょう。文字は、子どもが書きやすい大きさに。マスひとつの大きさが約２㎝四方くらいが適当です。お手本は何回も使えるように何枚も用意してください。すでに名前が書けていても直してあげたい文字があれば、その文字だけをなぞり書きさせるといいでしょう。

鉛筆だけではなく、色鉛筆でいろいろな色を使って書くなど、子どもの好きな筆記用具で楽しく書けるようにしてください。

13 文字をうまく書けたら自分で丸をつけさせる

書きっぱなしにしないで、見直すくせをつけると、ていねいに書けるようになります。

学級担任をしていたころ、宿題の丸つけを子どもたち自身にさせていたことがあります。自分で採点するようになると、見直すくせがつき、取り組む姿勢が変わってきます。前任校の1年生は、百ます計算の答えを先生が読み上げ、確認は、子どもたち自身にさせています。間違いを自覚することで、次回から気をつけるようになるからです。

正司先生も、子どもたちに文字の見直しをさせているそうですが、自主性を育てようとすると、指導法は似てくるのですね。

具体策

私の教室でも、上手に書けた字には、子ども自身に丸をつけさせています。自分の書いた字を見直すことで、次からうまく書こうという気持ちになれるようです。その証拠に、私から見ると上手に書けているのにと思っても、なかなか丸をつけようとしません。

さて、うまく書くためには、繰り返しの練習が不可欠です。色鉛筆などを使って飽きさせずに楽しみながら反復練習させましょう。

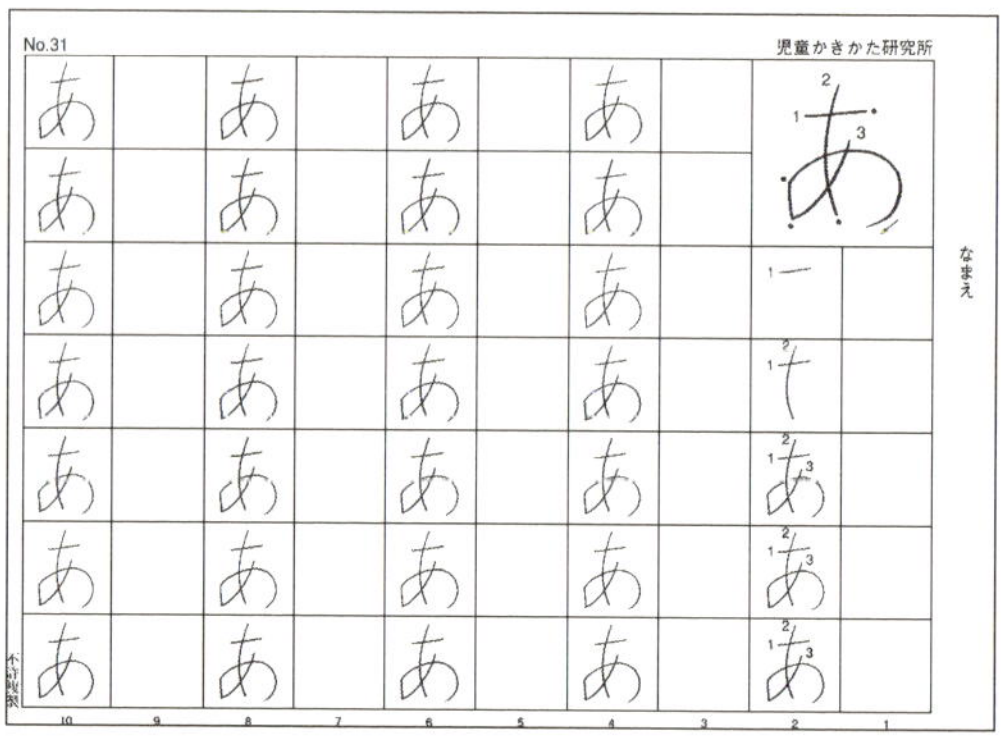

上２枚は年長児の字。縦の偶数列はなぞり書き、奇数列は手本を見て書いた字。１列目と９列目とでは、かなり上達していることがわかります。マス目の右上の点は手を添て教えた字です。右は練習帳の「あ」のページ。全部で66マス。このくらいの練習量が必要。この『ひらがな練習帳』は児童かきかた研究所の『幼児用おけいこセット』（3,150円税込送料別）に入っています。発売（有）ユビックス（http://www.yubix.co.jp）

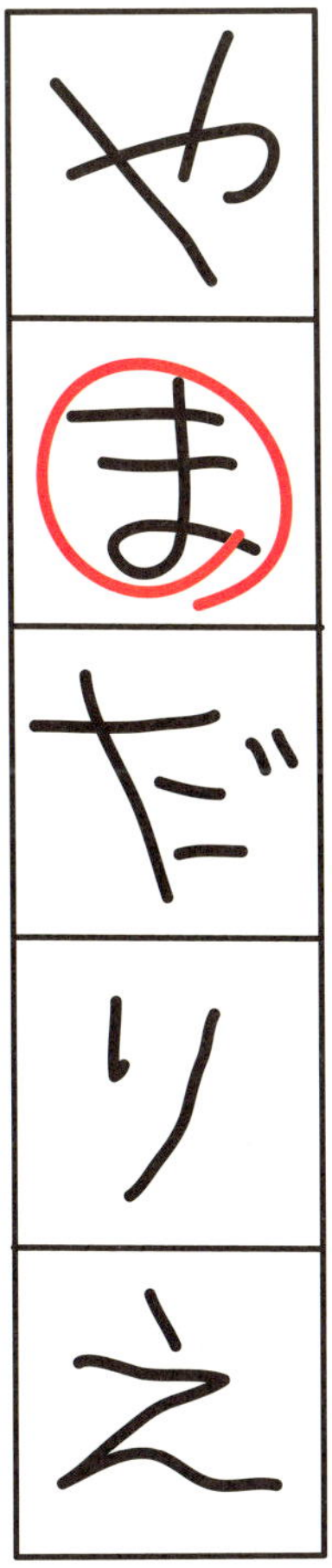

ある程度文字が書けるようになったら、見直す習慣をつけさせましょう。上手に書けた字には子ども自身に丸つけさせると、励みになります。丸は赤やピンクなど色を変えるとより効果的。

上手に書けるようになるには、繰り返すしかありません。飽きないように、色を変えるなどして練習してみましょう。

書き

14 なんでもスプーンで食べさせない

はしを上手に使える子は鉛筆も正しく持てます。持ち方の基本が同じだからです。

1年生に限らず、見渡してみるとはしをきちんと持てる子は少ないですね。手先をあまり使わなくなってきたことと関係しているのでしょう。

学校給食は、10回のうち7回までははしを使います。親の世代によくあった、先割れスプーンじゃないんです。

家庭でも、ただ食べられればいいというのではなく、はしをきちんと持てるようにさせてほしいなと思います。というのも、はしの持ち方は鉛筆の持ち方にもつながってくるからです。はしを上手に持てるようになると、文字もきれいに書ける傾向にあります。

具体策

はしが上手に持てるようになるために、何より必要なのは指の力です。指の力が充分についていないうちに、いくら教えても、はしをきちんと持つことはできません。

28ページで述べたように、びんのふたを開け閉めしたり、洗濯ばさみで遊んだりして、日常的に指を使いこなすようにしましょう。はさみも上手に使えるようになると、なおいいでしょう。

ここで注意したいのは、食事の時間にはしの持ち方を教えないことです。子どもは食べるほうに気を取られていますから、持ち方までは覚えられないのです。

第一、せっかくの食事を楽しめず、食べることが苦痛になってしまいます。はしの持ち方を教える時間と食事の時間は切り離すようにしましょう。

まず、最初は鉛筆を使って練習しましょう。左のイラストのように、親指、人差し指、中指の3本の指で鉛筆を上下させる運動をします。上手に動かせるようになったら、次に、練習用のはしで何回もスポンジをつまみ、指の動かし方を身につけさせます。そうしたのちに、徐々に固いものもつまんでいくようにします。固いものをつまむときには、はしの持ち方矯正具を使ってもいいでしょう。ただし、矯正具はあくまで練習用ですから、食事のときに使うことは避けてください。

はしで軟らかいものも固いものもつまめるようになったら、食事中のはしも上手に使えるようになっているはずです。最近はスプーンで食べるメニューが多くなっています。本来、はしを使うべきものまで、スプーンですませている家庭もあると聞きます。使い方をマスターしたら、積極的にはしで食べさせるようにしてください。

❶親指、人差し指、中指の３本の指で鉛筆を持ち、指の関節だけで動かせるように、手首は固定してあげてください。

❷親指のつけ根から、鉛筆をもう１本を通して、上の鉛筆で下の鉛筆をコンコンと叩かせます。「コンコンときつねさんみたいだね」と遊びながらにしましょう。このとき、下の鉛筆を押さえて固定してあげてください。

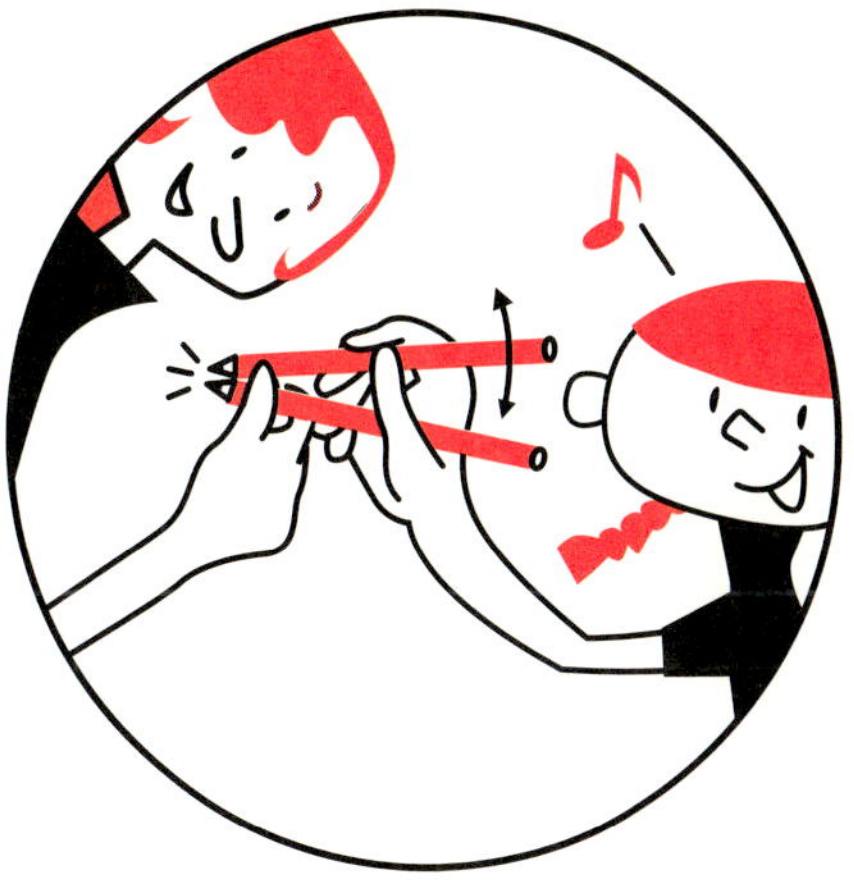

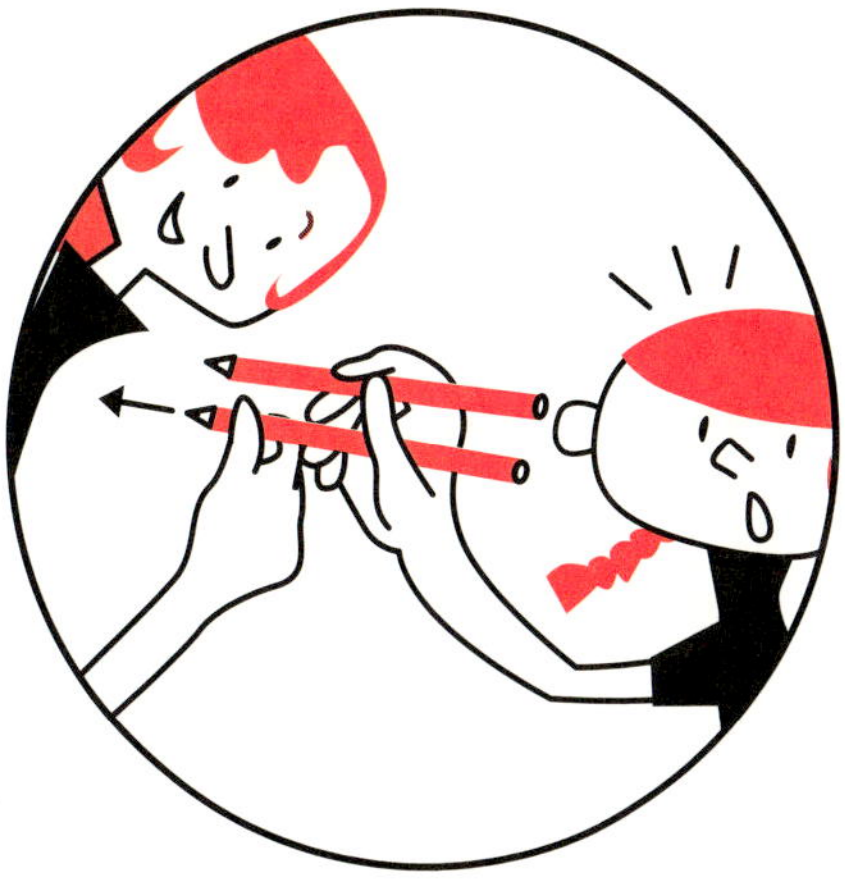

❸②が上手にできるようになったら、はしの練習に移行します。また、下の鉛筆をスッと抜くと、鉛筆の正しい持ち方になります。

①②③のイラストにある動かし方になれてきたら、はしで、適当な大きさにちぎったスポンジをつまませましょう。軟らかいもの→固いもの、大きいもの→小さいものというふうにして、ステップアップさせます。

書き

15 子どもをソファに座らせない

姿勢を正すためにすべきことはふたつ。腹筋と背筋を鍛えて、体に合った椅子を使うこと。

姿勢の悪い子が増えています。原因はふたつ考えられます。

ひとつは、年々低下する子どもたちの体力。筋力がないために、長時間同じ姿勢を保つことができないのです。バランスが悪く、背中をまっすぐに伸ばしたまま座っていられない子も少なくありません。

もうひとつは、椅子。体に合わない椅子を使っていると姿勢が崩れてしまいます。その最たるものがソファでしょう。ソファを置いている家庭が増えたことと、子どもの姿勢が悪くなったことは無関係ではない気がします。ソファに座って何かを書こうとすると、どうしても姿勢が悪くなりますからね。

学校で、子どもが長時間、椅子に座っていられるかどうかを心配する前に、体力をつけてあげたり、体に合った椅子を選んであげたりしましょう。

具体策

背中をまっすぐに、と注意されても、どこに力を入れたらいいのかがわからずに、両肩を上げてしまう子が珍しくありません。腰のあたりをポンと叩き、ここに力を入れるのだということを教えてあげましょう。

とはいえ、腹筋や背筋の力が弱いとまっすぐに伸ばせないかもしれません。日ごろから、腹筋や背筋のつく運動をさせましょう。遊びながら楽しくできます。たとえば、左ページのイラストにある飛行機ごっこ。お腹と背中を伸ばしながら、筋肉が鍛えられます。

また、バランス感覚が悪いと、背中をまっすぐに伸ばしたままでいられずに、姿勢が不安定になります。ちょっと、お子さんの足の裏をみてください。もし、土踏まずがないようなら、バランス感覚が悪い証拠です。

バランスをとれるようになるには、竹馬が最適です。でも、いまは残念ながら竹馬で遊ぶ場所がありませんね。そこで、細い線の上やへりを歩かせたり、揺れる電車やバスで立たせることをおすすめします。他に、何回もジャンプするだけでも、バランス感覚が発達します。私の教室でも、よく子どもたちにジャンプをさせています。その場で飛び跳ねるだけですから、手軽にできます。

バランスがとれるようになると、自然と土踏まずができてきます。

その一方で、陰山先生が指摘されているように、椅子はたいへんに重要です。まず、足が床に届く高さの椅子にしましょう。足が届かないと、体が安定しません。

体力、椅子ともに問題がないのに、姿勢が極端に悪くなることがあります。したくないことをさせられているときです。これは勉強を切り上げる潮時と考えましょう。

椅子の高さが子どもに合っていないときは、足をのせる台を用意しましょう。

どこに力を入れると姿勢がよくなるのかわからない子には、腰をポンと叩いて、力を入れる場所を教えるようにします。

足が床に着いていないと姿勢が安定しません。

飛行機ごっこ。正座した膝の上に子どもを立たせて、飛行機のように両手を広げ胸を反らさせるようにします。子どもの足は抱きかかえるようにして支えてください。徐々に親子ともに体を前傾させ、子どもは前に倒れ込まないよう踏ん張らせます。これを何回も繰り返すうちに、腹筋と背筋が鍛えられます。

電車やバスでは座らせずに、立って足を踏ん張る訓練を。バランス感覚が身につきます。

計算

20まで数えられるようにし、
たし算ひき算の意味を
日常生活の中で覚えさせる

毎日の生活の中に、その後の学習のベースとなるものが数多くあります。たとえば、おやつをきょうだいで分ける、ついでにどっちが多いか少ないか、大きいか小さいか比較する。おつかいを頼まれて釣り銭をもらう。こうしたことは、ちょっと前までは、どこの家の子もごく普通にやっていました。

ところが、少子化の時代です。分けあって食べるという行為は極端に減りました。むしろ、ものが余っています。子どもにお手伝いもさせなくなってきました。時代が豊かになり、生活が便利になるにつれ、昔なら暮らしの中で当然身についていたはずの知的能力が、身につかなくなってきたのです。この点を、親は充分に意識しなくてはならないでしょう。

ドリルをやらせる時間があるなら、お手伝いをさせたほうが、実のところよほど算数の能力が身につくという場面はいくらでもあります。いくつかのお菓子をお皿に一定の数ずつ分けたり、残った量を数えたり。分けた数が足りなかったら、足していく。これが、そのまま、たし算、ひき算、かけ算、わり算なのです。数の概念は、こうした作業を通じて、身についていきます。

私は、担任時代、1キロメートルを教えるのに子どもたちと実際にその距離を歩きました。10メートルの巻き尺を地面に何回も当てながら、1キロメートルを計ったのです。こうすることで、距離の感覚とともに、1キロメートルは100メートルの10倍であることも、体で実感できるようになります。

日ごろから、数を意識する作業をさせてください。紙の上ではなく生活の中で、です。それと、もう一点強くお願いしたいのは、子どもに語りかけてほしいということです。語彙《ごい》力の乏しさが壁となって、算数の文章題でつまずく子は何人もいます。日常の会話の少なさ、コミュニケーション不足が、算数にまで影響してくる。そういう時代に、いまの子どもたちは暮らしているのです。

16 1+1=2といきなり教えない

数字だけを並べても、たし算の本当の意味は理解できません。ものを使いましょう。

生活体験が乏しいと、学力は根っこのないひ弱なものになってしまいます。特に1年生で習うたし算、ひき算は生活の中で充分に体験できます。1年生の算数の教科書を見てもらうとわかると思いますが、ほとんどが家庭で体験できることばかりです。たとえば、「りんごが5個、かごに入っていました、2個あげたら残りは何個?」という問題も、自分で分けた経験があれば、「あのことだ」とすぐにイメージできるようになります。

具体策

たし算というと、いきなりドリルで教え込もうとする人が多いように思います。でも、ドリルから入ってしまうと、単に機械的に数字を計算するだけで、たし算の本当の意味を理解することはできません。ものが増えるのがたし算。このことを理解するのが何より大切なんです。

最初のうちは、必ずものを使って教えるようにしましょう。

まず、ものの数と数字を一致させることから始めます。ことあるごとにものを指し示して「これが1個よ」「これが1よ」と教えます。「2」や「3」も同様にして教えてください。まずは、「3」までにしましょう。次に「ここに1個あるでしょ、もう1個持ってきたら、いくつになるかな?」と聞いてみます。指を指して数えられる子なら、「いち、に」と数えます。「そう、2個だね。1個と1個で2個ってわかったね」とほめてあげましょう。これが、たし算の入り口です。

食べ物を使うのが最も覚えやすいと思いますが、子どもの好きなキャラクターの人形やおもちゃなどでもいいでしょう。いずれにせよ、子どもの好きな「小道具」を使うことが重要です。好きなものなら、何回、何十回と繰り返しても飽きないでしょう。

ドリルを前にして、わざわざ「たし算」の時間をとらなくても、ものを使えば、おやつや食事の時間、遊びの中で、充分にたし算を覚えられます。「+」「=」という記号の意味を理解するのは、こうした体験を何回も積んだうえでの話です。

ドリルは、あくまで仕上げです。たし算の意味が理解できているかどうかを確認する手段にほかなりません。

1＋2＝3

最初に数字から入ってしまうと、ものが増えたことを実感できません。

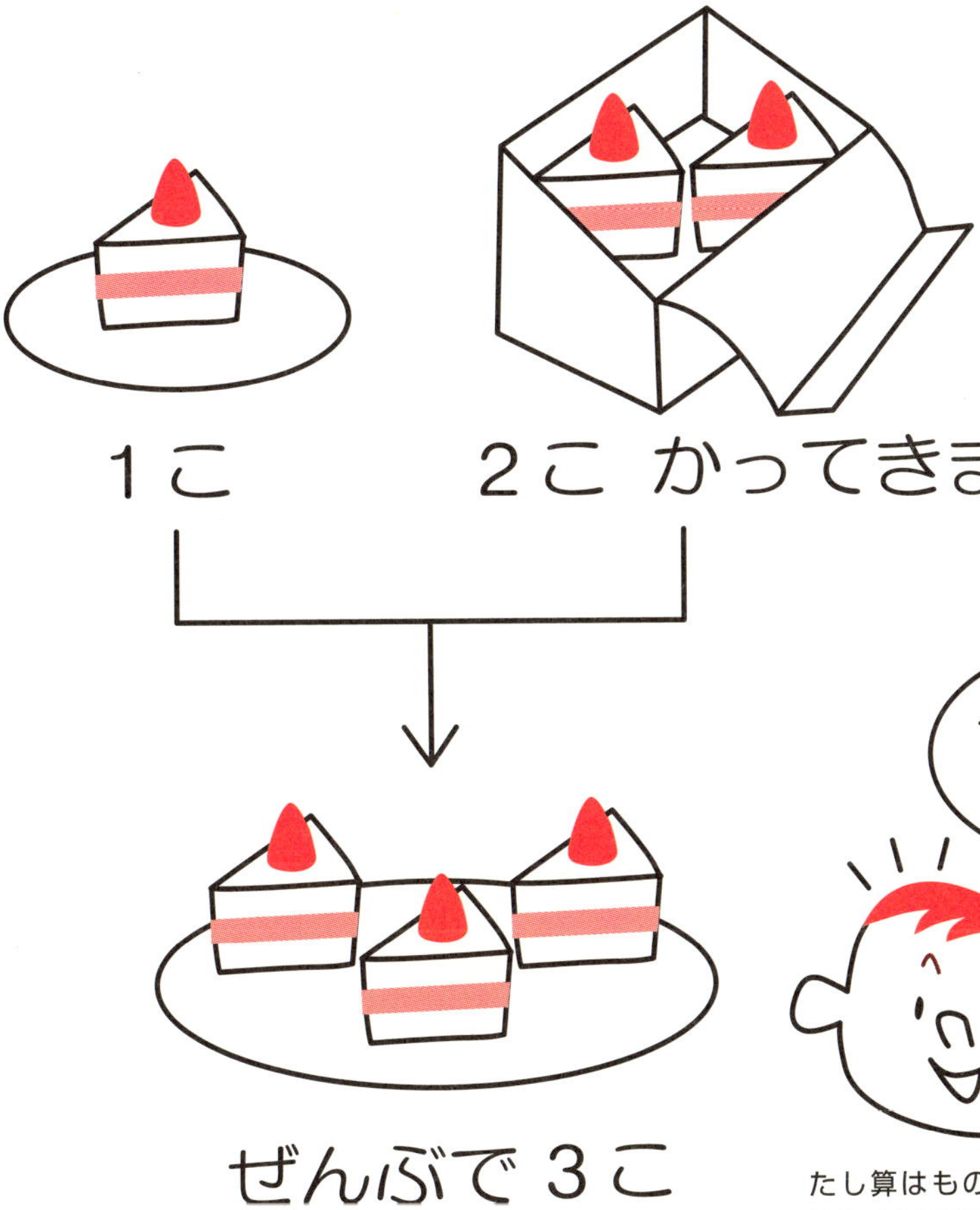
2こ かってきました

たし算はものを使って「増える」ことを実感させるのがいちばんです。最初は3までの答えにしておきましょう。「2個増えたね、全部でいくつになったかな？」と聞き、数えさせます。

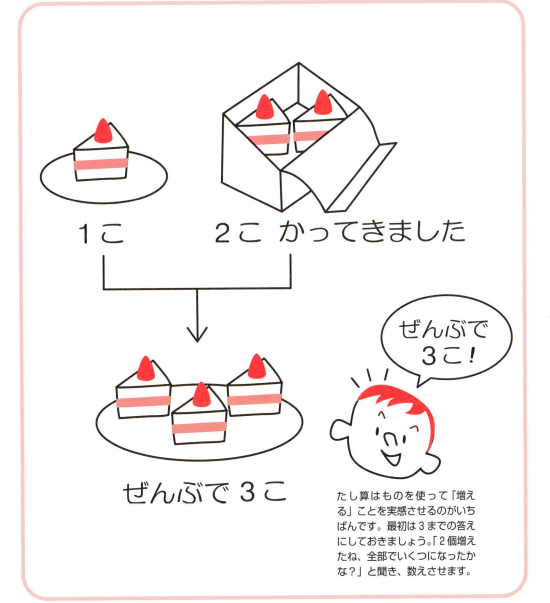

計算

17 おやつを5個お皿に取り分けさせる

5個を何通りにも分けられるようになれば、1年生の算数でつまずくことは、まずありません。

お手伝いの中で、特に私が重視しているのが、ものを分ける作業です。先で習うわり算につながります。わり算は、子どもたちが最初にぶつかる大きな壁。ことに、余りのあるわり算は、小学校最大の関門といえるでしょう。つまずく子が後を絶ちません。数が単純に増えたり減ったりするたし算やひき算と違って、わり算はイメージしづらい、抽象的な概念だからです。とはいえ、わり算の最初の授業は生活に密着した簡単な計算から入ります。ですから、ここでつまずかないようにしてあげてほしいのです。入り口でもたつくと、その後、取り組む意欲が失せてしまいますからね。

具体策

何枚かのお皿や器に、いくつかのものを分けていくお手伝いには、たし算、ひき算、かけ算、わり算の要素が含まれています。

小学校に上がる前なら、5個のものを2枚のお皿に分けるお手伝いを、毎日でもぜひさせてください。5という数を完璧に理解できるようになるからです。5を理解できていれば、小学校に上がっても、まず、つまずくことはないでしょう。ただし、誤解しないでください。5まで数えられるのと、5を理解しているのとは、まったく違います。

1と4、4と1で5になる（1と4、4と1は子どもにとっては別のものなんです）、2と3、3と2で5になる。この数の構成がわかってはじめて、5を理解しているといえるのです。

これを言葉だけでわからせようとしても難しいでしょう。感覚として身につけさせましょう。

いちばんの近道はお皿に食べ物を取り分けていく方法です。ものを見ながら覚えるのがいちばんです。「2個と3個で5個だね」、「こっちのお皿に4個のせたら、あっちのお皿には1個しか残らないね」と分けていくと、たし算とひき算が同時にできます。

こうしたお手伝いをさせているときは、必ず声をかけてやってください。私は、これをお母さんの実況中継と名づけています。いま、起こっていることが言葉にされることで、子どもはそれを聞きながら、語彙《ごい》を獲得し、感覚として身についていくのです。

1＋4＝5などと数式で教える必要はありません。1個と4個で5個、2個と3個で5個というように、「と」「で」を使ってください。式は、たし算の意味を体得してからです。

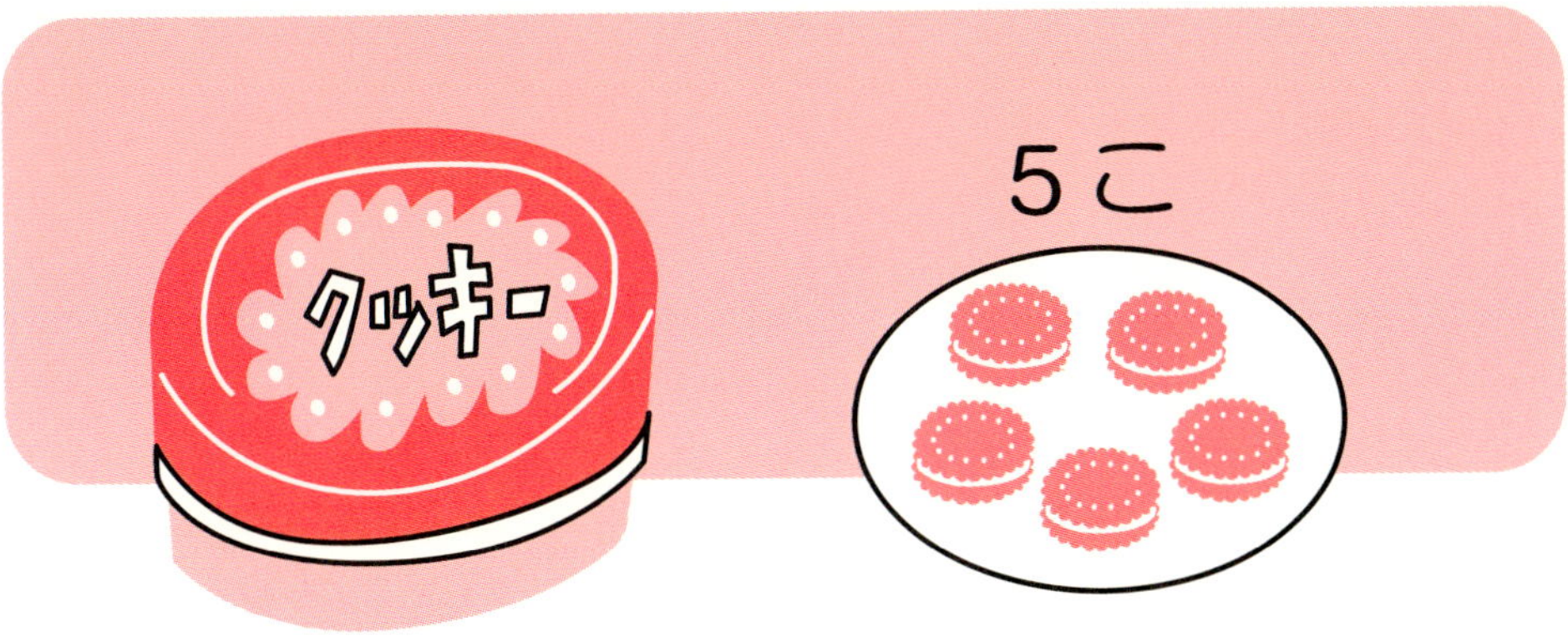

5個のものを2枚のお皿に取り分けるお手伝いです。5を構成している数を理解できるようになります。1＋4ではなく、必ず「と」を使うようにします。「+」は、たし算の意味が完全に理解できるようになってからです。

18 子どもは2個ずつの「ずつ」でつまずく

**算数なのに、言葉の問題でつまずいてしまう。
いろいろな言い方で子どもに話しかけてください。**

子どもは思わぬところでつまずいていることがあります。算数以前に、簡単な言葉でつまずくのが最近の子の特徴だと正司先生から伺ったことがあります。そういわれて思い出したのは、私が担任時代に受け持っていた3年生。2個ずつの「ずつ」を理解できずに問題が解けませんでした。会話の少なさ、生活体験の乏しさは、こんなところにも影響してくるんですね。

「ずつ」もそうですが、「個」といった数詞も算数の問題では数多く使われています。「匹」「本」「枚」「羽《わ》」（例：はとが、2わ）「冊」といった、数え方も自然に会話に織り込むようにしてください。算数の文章題では当たり前のようにして出てきます。もっとも算数以前に、ごく普通に使われるべき言葉ではありますが。

具体策

お皿の上におはじきをのせて「いくつあるかな？」と尋ねても「いくつ」の意味が理解できない子がいます。数は数えられるのに答えられません。「どっちが大きい」の「どっち」という言葉を聞いたことがないという子もいます。計算なら、プリントで練習できますが、言葉は、普段、会話の中で使っていないと理解できないのです。

1年生の算数の教科書から、子どもがつまずきやすい言葉を拾ってみました。どれも、日常的に使う言葉であることがわかります。普段、少し意識してもらえれば解決するはずです。

ちがい 学校図書

4 こどもの かずと あめの かずの ちがいは，いくつでしょうか。

ずつ 啓林館

10づくり

1から 9までの かあどが 2まいずつ あるよ。

2まい めくって 10に しよう。

～より 東京書籍

あおい はなは，あかい はなより いくつ おおいでしょうか。

あたらしいさんすう1

あわせて **8つ9つ** 啓林館

あかい はなが，9つ，きいろい はなが 8つ さいて います。
あわせて いくつ さいて いるでしょう。

まえから **～め** 学校図書

まえから 4にんめ

どちら 教育出版

どちらが おおきい。

おおきい ほうが かちだよ。

ずつ

「ひとりに、２個ずつ分けてね」と日常的にお手伝いを頼んでいれば、すぐに覚えられる言葉です。さらに「２個ずつ分けたら、１個余っちゃったね」と言葉にすると、余りのあるわり算になりますね。

まえから

〜め

算数の教科書の初期の段階に出てくる言葉です。たとえば、「Aさんの前から３番めの子」には、つまずきやすい語彙《ごい》がいくつも含まれています。まず「前」。自分の体の前と後ろはわかっても、対象が変わると、どちらが前か後ろかがわからなくなることがあります。３番めの「め」もそうです。また「ここから３番め」なら「ここ」を入れるのか入れないのか、これもつまずくポイントです。〜から何人め、〜から何枚めというように、「〜から〜め」をセットにして話してあげるといいでしょう。

より

算数の比較の問題で、必ず出てきます。3年生でも「より」の意味がわからない子はいます。私の教室では、年長さんになると、「より」の使い方を徹底的に覚えるようにします。数量の大小を比較するのに「より」を必ず使うのはもちろん、「5＞2」というように不等式も使って、「より」を視覚からも訴えていきます。

ちがい

ちがう

「違い」はもっともつまずきやすい言葉です。まず、形の違い。同じ形のものや、あきらかに形が違うとわかるのですが、似たような形で微妙に違っていると答えられない子が増えています。「違い」という意味をよく理解していないのです。似たようなものを並べて、「どこが違うのかしらね」と話題にして、違いの意味を実感させるといいでしょう。難しいのは数量や年齢の違い。ひき算で使われることが多い言葉ですが、「お兄さんは5歳、妹は3歳、違いは何歳でしょう」という問題で3＋2＝5と答えてしまう子もいます。ひき算に入る前に、数の違いを意識して話題にしましょう。

1つ 2つ

あわせて

有名私立小に合格するような子でも、「3」と「3つ」が一致しない子は、少なくありません。「ひとつ、ふたつ…」という言い方も使うよう心がけてください。8つを「はちつ」と答えてしまう子も多いからです。「あわせて、いくつ」の「あわせて」も日常的に使っていないと、わからずにつまずきます。「あわせて」はたし算を理解するうえで欠かせない言葉です。「～あわせて5個だね」、「～あわせて、いくつになった?」というように、日常会話の中で意識して使うようにしましょう。

どっち

どちら

比較や選択を問う際に使われる言葉です。「どっちにする?」「どっちが好き?」と子どもに聞く機会を作ってください。いつも親が与える一方だと、この言葉が使われる場面がなく、子どもも覚えられません。「どちら」という言い方もあります。「どちらを選ぶかは、○○○ちゃんが決めてね」と「どちら」という言い方で聞くのもいいでしょう。このように、同じ意味の言葉を言い換えて使うことも大切。「多い」「たくさん」「いっぱい」「大量」といったように。

19 卵パックで5個と10個のかたまりを知る

5個と10個をかたまりとして捉《とら》える練習です。
繰り上がり、繰り下がりにつながります。

3年生を受け持っていたころの話です。何回教えても繰り上がりと繰り下がりの意味がわからない子がいました。8＋5と12－7を夏休みの3日間かけて教えた結果わかったのは、その子は10のかたまりを意識できていなかったということです。大きなカードに8個と5個の丸を書いて8＋5の答えを聞くと、丸を端から「いち、に、さん…」と指で数えてから、13と答えます。10が意識できていれば、まず最初に丸を10個まとめて、残りの丸の数と足します。これが繰り上がりです。でも、10をかたまりとしてみることができなければ、繰り上がりもしなければ繰り下がりもしません。この子のつまずきの芽は、こんなところにあったのかと、若かった私は衝撃を受けました。たし算の最も重要なポイントは10のかたまりを意識することです。ここがクリアできていないと、余りのあるわり算をはじめ、小数点や分数の計算にもつまずきます。

具体策

いち、に、さん、し…と数えられるだけでは、数を理解したことにはなりません。いち、に、さん、しは「ぞ〜うさん、ぞ〜うさん…」と歌っているのと同じなんです。2や3のかたまりを「いち、に」と数えることなく、即座に「2」「3」と答えられるようになって、はじめて数の概念が身についたといえます。

私の教室では、数のかたまりを2から教えています。お皿にプラスチックのチップを2枚、ひとつかみにして「に」と口にしながらのせるのです。「いち、に」と数えてのせるのではなく、ひとかたまりとしてのせる。ここがポイントです。

家庭でチップのような教材を使うと、どうしてもお勉強の感覚になってしまいます。食べ物を使って、数のかたまりを教えるのがいいと思います。最初のうちは、「いち、に」と数えても構いませんが、徐々にひと目見て「に」と言えるようにさせましょう。お皿にキャンディーなどを2個のせて、これが「に」と何回も教えます。1日や2日では、とても覚えられません。何十回も、何百回も繰り返し「これが、によ」と語りかけているうちに、2がかたまりとして見えてくるようになるでしょう。「いくつ？」と聞いて、「いち、に」と数えずに、即座に「に」と言えれば、かたまりで見えています。徐々にかたまりとして見える数を3、4と増やしていきましょう。

5までの数がかたまりで見えるようになると、答えが6以上のたし算も楽にできるようになります。5をかたまりとして実感させるのに、ちょうどいいのが10個入りの卵パックです。

どこの家庭にもあると思います。ぜひ活用してみてください。

1こが10あつまると、10このかたまり

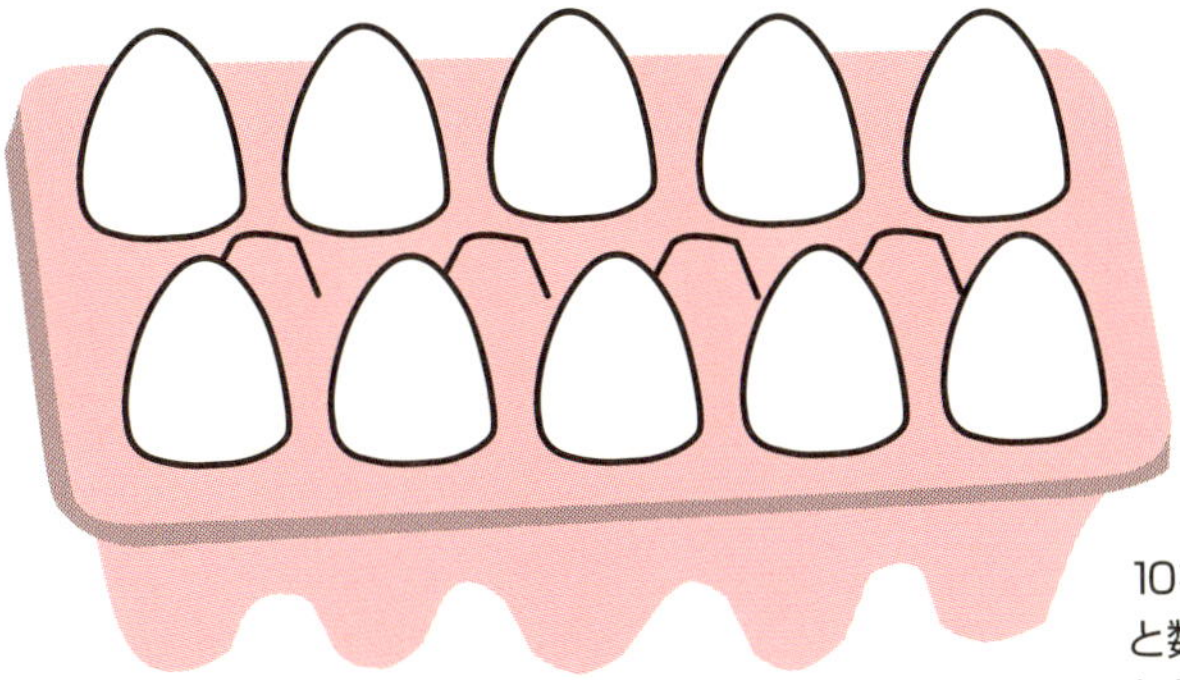

10を「いち、に、さん…」と数えるのではなく、かたまりとして捉《とら》えられることが大事。先に習う繰り上がりにつながります。

5このかたまり

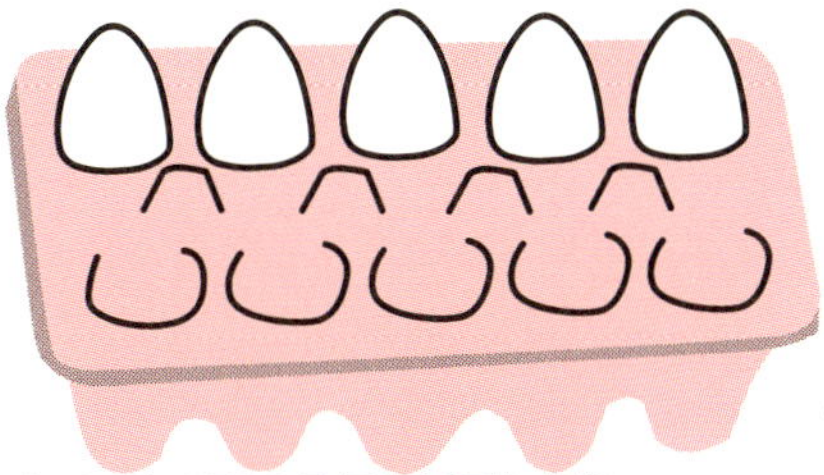

卵パック1列の5個を何回も繰り返し「この列が5よ」と教え、5をかたまりとして見えるようにします。5を軸に1個増えたらいくつになるか数えさせてみましょう。「ご、ろく」と数えられれば、5がかたまりとして見えています。ついでに、「1個減ると4個だね」とひと言。ひき算にもなります。

1こふえると6こ

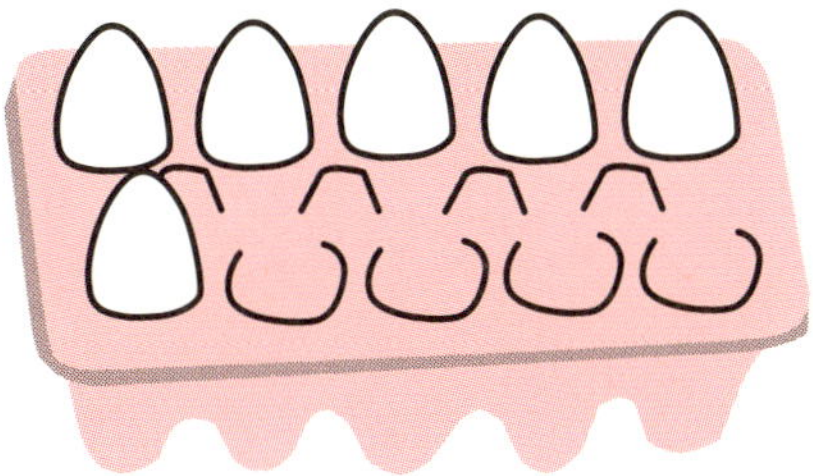

1こなくなると4こ

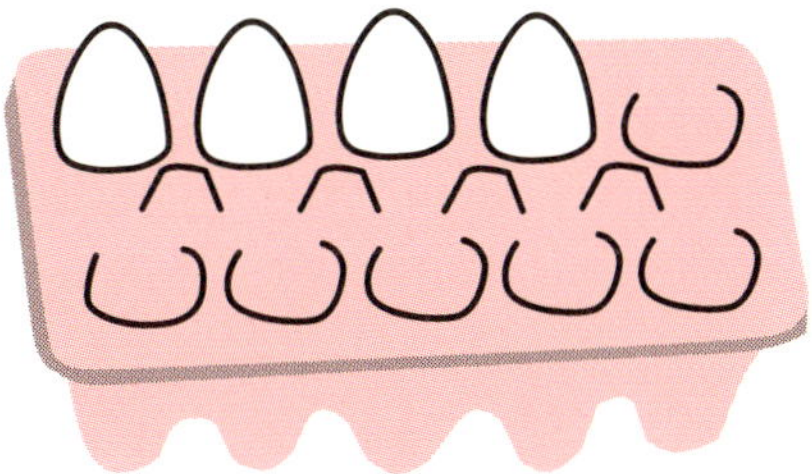

20 お父さんの肩を20回、数えながら叩く

「9から10」より、「10から11」のほうが壁は高い。だからこそ、生活の中で親しみましょう。

小学校に上がるまでに、いくつまで数えられればいいのか。お母さんたちの気になるところだと思います。目安は20まででしょう。10の次が11、12…とわかっていれば充分です。あまり無理をさせないでください。数を数える場面は、生活の中でいくらでもあるはずです。また、数える機会を意図的に作るようにしましょう。お風呂の中で親子で数唱するのもいいでしょう。お父さんの肩を数を唱えながら20回叩くのもいいと思います。親子のコミュニケーションの一環として、楽しみながら数えさせるようにしてください。

具体策

数を理解する力は個人差が大きく、すぐに覚える子もいれば、なかなか覚えられない子もいます。にもかかわらず、週休2日制になった関係なのか、最近の1年生の算数は速いテンポで進んでいきます。充分な復習の時間も取ってもらえないと感じるお母さんも多いようです。このテンポについていける子はいいのですが、そうでない子は、はじめから算数に苦手意識を持ってしまうことになります。

私は教室のお母さん方に、20までは数えられるようにしておきましょうと、アドバイスしています。みかんやりんごを指差しながら数えるだけでいいんです。そして、遊びながら一度は１００まで数唱してみましょう。すらすらと数えられなくても構いません。私の教室では、小学校に上がるまでに１００まで数えるようにしています。１００という数を一度でも聞いたことがあるのと、聞いたことすらないのとでは、１００を習うときの受け止め方がまったく違ったものになるでしょう。

20まで数えられたら、20までの数字も書けるようにしておきましょう。「10」までは書けても「11」以降になるととまどう子がいます。「10」の「0」を書かなくなるからです。ですから10から11のほうがハードルが高いのです。ここをクリアできていると、安心です。初めて数字を書く場合はなぞり書きからはじめてください。32ページでも触れましたが、はじめて見る字をお手本のとおりに書くのは、子どもにとってはとても難しい作業です。ときには、手を添えて、書き出しの位置を教える必要もあるでしょう。文字のページでも触れたように、上手に書けたら必ずほめてあげましょう。自信を持って書けるようになります。

指を使って20個数えましょう。口と指の動きが一致しないときは、数えるものの間を開け、ゆっくりと何回も数えさせるようにします。

口と手の動きを一致させながら、リズミカルに20まで数唱させ、肩を叩いてもらいましょう。右、左、右、左と叩く動きが、1、2、3、4という口の動きと一緒になることが重要です。

1	2	3	4	5	6	7	8	9	10
11	12	13	14	15	16	17	18	19	20

最初はなぞり書きをして数字の書き方になれるようにします。難しいのは書き出しの位置と斜めの線。何回もなぞって覚えましょう。色鉛筆で好きな色を使って書くのもいいでしょう。

計算

21 お風呂上がりは親子で体重計にのる

実際に計ってみて、持ってみて実感。
量や重さの感覚は、体で覚えましょう。

重さや量の感覚は、小さいうちからぜひ身につけさせてもらいたいと思います。体験的学習が大事とよくいわれますが、実感することが体験的学習そのものです。20グラムと200グラムの重さの違いは、実際に手にしてみれば、すぐに実感できます。100グラム体重が増えた子に、「卵1個50グラムだから、卵2個分重くなったね」と養護の先生が話すのを聞いて感心したことがあります。家庭でもいろんなものを計って遊んでみてはどうでしょうか。

具体策

ものの大小と重さの関係がわかっていない子が増えたように思います。一般的に、大きなものは重く、小さなものは軽いという量感と重さが一致していないのです。生活体験の乏しさからきているような気がしてなりません。大きな荷物や小さな荷物を持ったことがあれば、おのずと大きさと重さの関係は体で理解できるはずです。

私が驚いたのは、シーソーの問題を子どもに解かせたときでした。「お母さんと子どもがシーソーにのりました。下がるのはどっちでしょう」という問題です。下がるのは子どもと答えた子が少なからずいたのです。

お母さんのほうが大きいから重い、だからシーソーが下がる、という当たり前のことを実感できないのでしょう。

実際に、算数の文章題で、このシーソーの問題が出てきます。実感できている子とできていない子の違いは大きいでしょうね。

さて、重さを意識できるようになるために、わかりやすいのは計りです。

体重計に親子でのって、どっちが重いか軽いかを計ってみてはどうでしょうか。「○○ちゃんは、19キロよ、ママより軽いね」と、言葉にしましょう。重さは数字で表せることが、なんとなく理解できます。体重だけでなく、計りを使っていろんなものを計って遊ぶと、楽しみながら重さの感覚も身につきます。

「どっちが重いかな」と比較しながら計れば、もうそれが1年生で習う算数です。しかし、なんといっても重さは実感できることが大事です。子どもの持ち物をいつも持ってあげてしまっているお母さん、自分の荷物の重さを体で実感させましょうよ。

ママよ！
ママとりえは
どっちがおもいの？

重い、軽いを体重計を使って確かめましょう。重さを意識できるようになります。計りながら、どっちが重いか、軽いか比べるのもいいでしょう。

Cibees

いろんなものを計って遊びましょう。コップの水の量を変えて、まず手に持ってみます。その後に計ると、量と重さの関係がなんとなく実感できるようになるでしょう。

計算

22 数字の大きなカレンダーを壁に貼っておく

曜日、日にちの感覚を持たせましょう。
時間の管理能力にもつながります。

小学校に上がると、曜日に合わせて時間割表にある教材をそろえなくてはなりません。また、いろいろな行事もあります。曜日や日にちを意識して行動できるようになることが大切になってきます。カレンダーに親しめるようしておきましょう。

ついでに、時間割についてひと言。時間割は、前日、子どもにそろえさせるようにしてください。親が全部やってあげてしまうと、自主性が育たなくなります。忘れないようにと、自覚しながらそろえていると忘れ物は少なくなります。といって、はじめから子どもひとりでそろえるのはむずかしいでしょう。なれるまでは、親が手助けしてあげてください。なれたら、ひとりでそろえさせるようにします。

前任校の1年生のクラスでは、翌日の時間割、宿題、持ち物を先生が黒板に書き、子どもたちが、それをノートに書き写しています。自分で書くことで、忘れ物をしないようにと自覚できるようになるからです。

具体策

「今日は、○月○日○曜日です」。私の教室では、子どもに今日の日にちと曜日を伝えてから授業を始めるのが習わしです。日にちや曜日の感覚は、毎日、口にしないとなかなか身につきません。

家庭でも、子どもが見やすいカレンダーを用意し、日にちと曜日を指し示しながら、毎日子どもに語りかけてください。「今日は、日曜日だから幼稚園はお休みよ」とか「今度の金曜日は運動会よ」と休日や行事と結びつけると、曜日をよりはっきりと意識できるようになるでしょう。

たまには、カレンダーを見ながら、季節も口にしてください。3月4月は春などと言う必要はありません。知識ではなく、季節を体感することが大事なのです。

私は、日にちや曜日を伝えたついでに、本日のお天気もつけ加えるようにしています。「今日は、雨ですね」「晴れですね」というように。というのも、天気の意味を理解していない子が、最近増えているからです。雨が降ると長靴を履くことはわかっても、その天気が雨だということを驚くほど知らないのです。「今日のお天気は？」と聞くと、答えられません。雨の日は長靴という知識だけが頭に入っていても、肝心の雨という天気がわからないようでは、困ります。家庭でも天気を話題にしてもらいたいと思います。

子どもが見やすいカレンダーがなければ、親子でカレンダーを作るのも楽しいものです。私は数字の書ける年長の子には、カレンダーを作って遊ばせています。数字が書けなければ、不要なカレンダーから数字だけ切り取って貼ってもいいではありませんか。はさみで切ることで、指先のトレーニングにもなります。

子どもにわかりやすいのは、数字、曜日ともに大きく書いたカレンダー。毎日、日にちと曜日を教えてあげましょう。

カレンダーを作りましょう。数字が書ければ書かせ、書けなければなぞり書きでもいいでしょう。不要になったカレンダーの数字の部分だけ切り取って貼っても作れます。

23 「9時前に出かけよう」「3時過ぎに帰ろう」と言う

何時何分を教えるよりも、時間の感覚を生活の中で身につけさせましょう。

1年生のうちは、算数では時計はまだ習いません。でも、生活の中で時間の感覚を身につけておくと、理解が早まります。そもそも、時計というのは学校で習うからというより、生活するうえで必要だから覚えるのです。

紙の上に書かれた時計や教材用の時計では、時間の感覚までは身につきません。何時何分まで読めている必要はありませんが、「何時」という言葉を頻繁に使うようにするといいでしょう。「何時」を意識できるようになることが、やがて時間を身につけ管理できる力にもつながってくるようになるのです。

具体策

時計の見方をマスターするには、アナログがいちばんです。針の角度で時間の経過を知ることができます。

「9時40分から10時10分までは何分でしょう」という問題も、アナログの時計をいつも見慣れている子なら、1時間経過していないことがわかります。でもデジタルの時計しか知らない子は、10－9＝1で1時間余分に計算してしまうことがよくあります。私の教室でも、頭のいい子が1時間多く計算していて驚いたことがあります。

5分、10分といった細かな読み方より、大ざっぱでかまいませんから、時間の感覚を身につけさせましょう。何時より前、何時過ぎ、という感覚をわかっているといいでしょう。「10時前には、帰ります」「8時過ぎには戻るから」などと、日常的によく使われる言葉です。時間とともに使われる「前」や「過ぎ」は、特定の時間を指すわけではないため、子どもにはなかなか理解できません。しかし、頻繁に「○時前」「○時過ぎ」という言葉を使っていると、自然とわかるようになってくるでしょう。「9時10分前」「9時10分過ぎ」という使い方もあわせて、してあげてください。

ただ、時計を見ながら「9時前ね」「3時過ぎね」と話かけるだけでいいんです。時計を見なくても「8時前には、寝ようね」と日常会話の中に織り込むだけでも、子どもは自然と「8時前」という言い方を覚えていきます。そして、それがどのあたりの時間を指しているのかも徐々にわかってくるでしょう。

聞いたことがあるか、ないか。まだまだ生活経験の少ない子どもにとっては、この点がとても重要なのです。

時計はアナログを使いましょう。学校の教室の時計ももちろん、アナログです。「〜時前」「〜時過ぎ」という言葉も、アナログの時計を見れば理解できます。

聞く・話す

人前で話す、人の話を聞ける。話した内容を注意深く聞き取れることが大事です前任校の土堂小学校では5月が運動会でした。5月といえば、1年生は入学してから、わずかひと月しか経っていません。しかし、入学当初は落ち着かなかった子どもたちも、運動会ではみごとに集団行動がとれるようになっていました。

先生が話をしている最中に、よそ見をしたり、おしゃべりをしている子はひとりもいません。わずか、1か月で子どもはこうも変わるものかと驚いたものです。

もちろん、何もせずに変わったわけではありません。人の話を聞く練習をしたのです。誰かが発言しているときは、黙って聞くこと。姿勢を正して、話している人のほうを向くこと。このルールを徹底させました。

この年齢の多くの子どもたちは、黙って人の話を聞くことができません。我慢ができないのです。我慢ができないのは、自分のことしか意識できないからです。姿勢を正して、話している人の顔、目を見ることで、意識が自然と自分の外に向くようになってきます。ここが大事な点なのです。

家庭でも実行できると思います。もし、テレビの画面にくぎ付けになって人の話を聞いているようなら、注意すべきです。話している人のほうへ意識を向けるように促さなければなりません。

話すという行為も同じことが言えます。他人を意識して話そうと思えば、相手に伝わるように話さなければなりません。土堂小は発表の仕方にもルールを設けていました。「(発表を) 説明します」で始め、「質問はありますか」で終えます。こうすることで相手に伝えるという心構えができます。入学前であれば、声の大きさ、はっきりとした発音、言葉づかいがポイントになります。

聞く力、話す力は、コミュニケーション能力の基本です。授業中はもちろんですが、友人関係や集団行動においても欠かせない能力です。学校生活を送るうえでの秘訣といってもいいでしょう。

最近は、この「聞く・話す」力の低下が学力低下のひとつの原因とも指摘されているほどです。

聞く・話す

24 お母さんの好きな本をとことん読んであげる

繰り返し聞くことで物語への理解が深まります。言葉の世界が飛躍的に広がります。

年1回、1か月間、同じ物語を繰り返し読む。これは、私が長年続けている実践のひとつです。同じ物語を読み続けていると、理解が深まります。ある場面にいたるまでのプロセスがわかるようになるのです。お母さんに読んでもらっても同じことです。

まずは、お母さん自身が好きな絵本を読んであげてください。その中から、子どもが好きな本が必ず見つかります。すると、何回も読んでくれとせがむようになるでしょう。とことんつきあってあげてください。多少、難しいかなと思われる言葉が出てきてもいいんです。「どういうこと?」と聞かれたら教えてあげればいいのですから。繰り返し聞いているうちに、前後の関係から理解できるようになることもあります。

幼児の時代の読み聞かせは、その後の言語能力を左右するといってもいいほど重要なのです。

具体策

私の教室でも、お母さんの読み聞かせを大切に考えています。1日5冊の絵本を読んであげてくださいと話しています。5冊を日替わりにするのではなく、同じ5冊を10日間毎日読み聞かせます。10日たったら、1冊だけ新しい絵本と入れ替えて、同じように1日5冊読みます。続けていると、子どもが繰り返し聞きたがる本が浮かび上がってきます。そうしたら、1日5冊から、1日1冊に切り替えて、繰り返し50回でも100回でも構いません、子どもが暗記するくらい何日も何日も読んであげてください。

陰山先生が指摘されているように、同じ物語を繰り返し読んでもらっていると、言葉の理解力が深まります。1回だけ読んで終わりにしていては、言葉の上っ面を追っているだけにすぎません。物語の本当の楽しみを味わうことができません。物語が楽しい、と思えないと、「聞こう」とする意欲も薄れてしまいます。

さて、何を基準に絵本を選んであげたらいいのか、迷う方もいらっしゃるでしょう。お母さんの好きな本を選んであげるのももちろん大切ですが、5冊の中にはぜひ、読み継がれてきた名作や昔話を織り込んでもらいたいというのが私の願いです。奥の深い、教養深い作品が、本当にたくさんあるからです。本屋さんや図書館などに推薦図書のリストがありますから、参考にしてはいかがでしょうか。質の高い本がたくさん紹介されています。

また、余力があれば、読んでいる文字を指差しながら、声を出してあげるとよいと思います。音と文字が同時に飛び込んでくることで、ますます読むことにも、文字にも関心が高くなるからです。

同じ本を繰り返し聞くことが大事。物語を理解する力が深まり、後の言語能力をも左右します。

25 おじいちゃんの前で住所と名前を言わせる

はっきりとした言葉で相手に伝えさせましょう。
まずは手始めに知っている人から。

声が小さすぎて何を言っているのかわからない子が、ときどきいます。その子の隣まで足を運んで聞いてあげるべきでしょうか。私は、そうは思いません。周囲がその子に合わせるのではなく、その子が相手に伝わるような声で話すべきなんです。また、話せるようにしてあげなくてはなりません。そうでないと、のちのち困るのは結局、本人です。といって、くれぐれも「そんなに声が小さいと学校に行けないよ」などと子どもを脅さないでください。むしろ、逆効果です。家族が話す場を積極的に作ってあげましょう。

具体策

教室のお母さん方に、いつも提案していることがあります。それは、子どもが自己紹介する機会を作ることです。家庭の中ではなく、家族以外の人の前でです。人見知りするタイプの子なら、まずは、おじいちゃんやおばあちゃんが遊びに来たときでもいいでしょう。なれてきたら、お母さんの友人に自己紹介させてもいいと思います。「ぼくは、○○○○です」と名字と名前をハッキリと言えるようにしましょう。住所も言えるようになると、なおいいと思います。

ところが、つい、お母さんが先回りして、わが子を紹介してしまいがちです。子どもに自己紹介させないのです。よく見かけるのは、「いくつになったの?」と子どもが聞かれているのに、お母さんが代わりに答えてしまう光景です。せっかくの機会です、子どもに答えさせましょう。

もうひとつお願いがあります。それは、子どもの話にケチをつけないことです。たとえば、親戚の家に遊びに行った帰りに「余計なことをしゃべって」というような調子で、子どもの話したことに文句をつけると、子どもは話さなくなります。

私の教室では、子どもが自由に話せる場を作っています。ひとりひとり、みんなの前でなんでもいいから話すという授業です。本来、子どもは話したがり屋です。聞いてくれる人がいると、喜んでおしゃべりします。私の教室は親も参加しますから、お母さん方も後ろで聞いています。ここでは子どもが話したことをほめるのはいいけれど、絶対にけなさないこと。このルールを固く守ってもらっています。お母さんにあれこれ言われるからと、話さなくなってしまった子を、私は何人も見ています。

相手の目を見て、ハッキリとした声で話せるようにしましょう。話せないことを責めるのではなく、話す場をたくさん作ってなれさせることが大事。

聞く・話す

26 レストランで自分の食べるものを注文させる

「〜ください」と言わなければ、出てこない。
そんな場も用意してあげましょう。要は経験です。

人にものを頼む言い回しは、家庭では意外に使われていないように思います。家庭なら家族にわざわざ頼まなくても、ごはんやおやつが出てきますからね。ただ、ものを頼むときの言い方を教える必要はあります。私は、担任時代に、「先生、ノート」とだけ言ってノートを取りにくる子には、「ノートだけじゃわからないよ」と言い直しをさせました。

いつも先回りしてやってあげてしまうと、子どもはそれが当たり前になってしまいます。何かしてほしいときには頼む。頼むにはそれなりの言い方があることを経験を通して教えてあげましょう。

具体策

「〜ください」という言い方は、教えない限り、絶対に言えるようにはなりません。私の教室では「〜ください」と子どもが言わなければ、渡さないようにしています。たとえば、「赤と青のシールください」「三角の積み木ください」というように、です。2、3歳の子であれば「〜ちょうだい」になります。これを何百回も繰り返していると、「〜ください」「〜ちょうだい」と言わないと出てこないということがわかるようになります。それで、自然と言えるようになるのです。要は回数を重ねれば、身につくということです。

ただし、ものを頼む行為と一緒にその場で教えてあげなければ覚えません。

レストランで食事するときにも、子どもに自分の食べるものを注文させてみてください。なれればすぐに言えるようになります。むしろ、外でのほうがすぐに言えるようになるかもしれません。家族だと、どうしても、子どもの気持ちを察して先回りしてしまうからです。ウエイトレスさんだって、きっと「えらいわね」という好意的な表情をしてくれるでしょう。それが、子どもにとってはうれしいし、きちんと頼めば、ちゃんと欲しいものが手に入る、ということが体感できるのです。

レストランの注文に限らず、何かしてほしいときには、ハッキリとした言葉で話さないと、相手には通じない。それは他人であっても家族であっても同じこと。このことは、ぜひ身につけさせてください。普段はよくしゃべるのに、肝心なことになると口ごもってしまう子が少なくありません。でも、回数を重ねれば、話せるようになりますから、ご安心を。その回数を増やしてあげましょう。

「～ください」というていねいな、お願いをするときの言い方になれさせましょう。相手の目を見て、ハッキリとした言葉で話せるように。

27 お風呂で「右手で左足を洗おうね」と言う

「おはしを持つ手が右」は混乱のもと。
ものでで覚えさせず、体で覚えるようにしましょう。

学校は集団行動をとりますから、教師が「右」「左」と指示して、子どもの行動を促すことが多くなります。もちろん、右左は学校でも教えますが、家庭でも教えておくと子どもがまごつかずにすみます。

ところが、家庭では「右」「左」という言葉はあまり使われていないのではないでしょうか。「あっち」「こっち」ですんでしまいますからね。意図的に使うようにしましょう。そして、学校で子どもが困らないようにしておいてあげてください。

特に1年生のうちは、何事も感情が優先してしまいます。「わからない」ことがあると混乱し、それがコンプレックスになってしまうことがあるのです。

具体策

右左は体で覚えるのが最も確実です。おはしや鉛筆を持つ手が右、という教え方は昔からありました。でも、この方法では一拍置いてしまいます。おはしや鉛筆を持つ手をイメージしてから、反応することになってしまうからです。

私の教室では教え方は年齢によって違います。赤ちゃんなら「必ず右手で握手。絶対に左手で握手をしないでください」とお母さん方にお願いしています。少し言葉がわかるようなら「お母さんと握手する手が右よ」と教えてもらいます。

もっともこれは幼少のころの話。入学を目前にした子どもの場合は、やはり、訓練しかありません。教室では右、左という言葉がわかるなら「右手で左の耳をつかんでみましょう」と頻繁に語りかけ、右左を意識させるようにしています。

家庭でも、右左を意識して話してみてください。お風呂で「右手で左足を洗ってみようか」と言うのもいいでしょう。ついでに、自分で体を洗う練習にもなります。

外でなら、子どもが通いなれた保育園や幼稚園などの通園路を利用して、右左の感覚を身につけてはいかがでしょうか。毎日通っている道は、体で覚えているものです。右左の認識を植えつけるのに、最適だと思います。まず、いつもの曲がり角にお母さんが立ち、曲がるのは「右」か「左」かを、子どもに聞いてみます。仮に右に曲がるところを「左」と言ったら、お母さんは左に曲がります。すると、子どもは自分の間違いに、すぐに気がつきます。「左に曲がって」「あ、やっぱり右に曲がってください」などと言いながら、子どもと一緒に歩くのも楽しいコミュニケーションになります。

小学校に入るまでは、お母さんと握手する手はいつも右、と決めておくと、まだまだ体で覚えられます。「右手で握手」と言葉にしましょう。

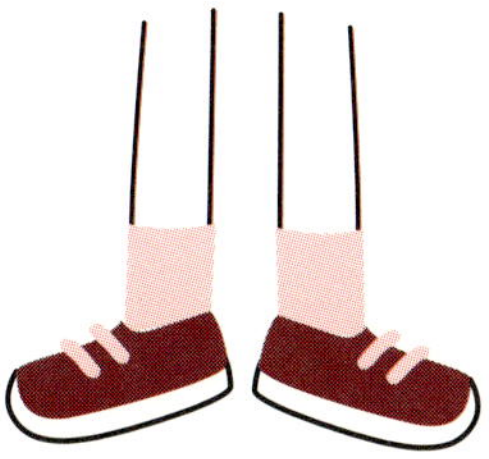

みぎあし　ひだりあし

右と左の靴を反対に履かないように、子ども自身が注意できるようにしましょう。

右左は条件反射で体が動くようにしたいもの。階段で訓練するのもよいかもしれませんね。

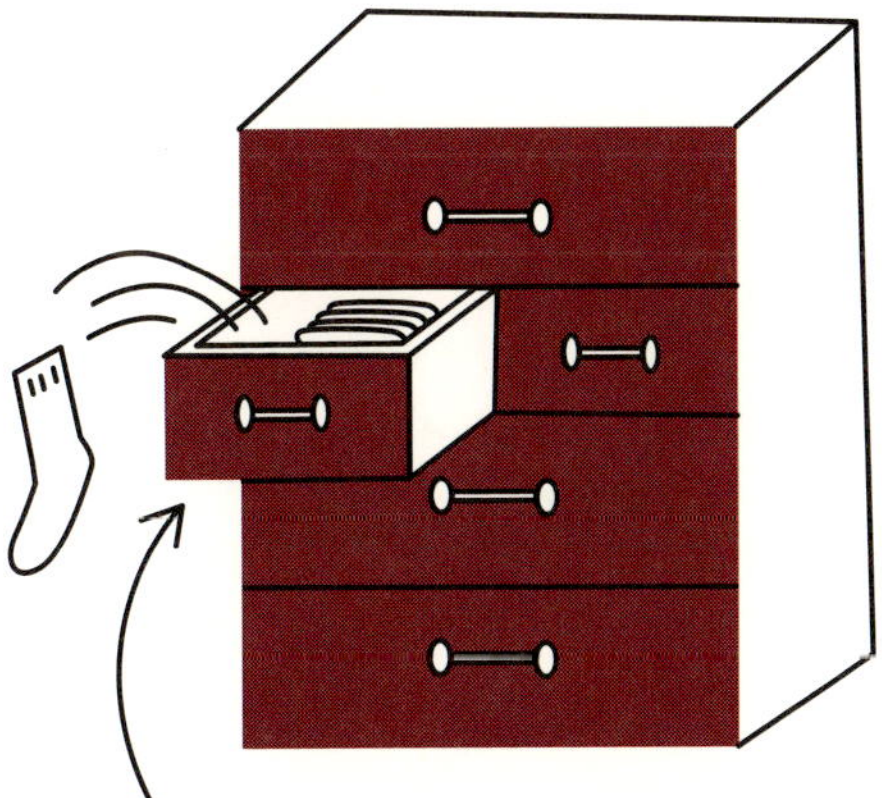

ひだりがわのひきだし

お手伝いを頼むときも「左側の引き出しから」という言い方で。「側＝がわ」も使います。

28 子どもに夕日を見せてあげよう

東西南北の勉強をするのは、朝日、夕日を
自分の目で確かめてからにしましょう。

中学年になると授業で地図を使うようになります。東西南北も習います。ですから、東西南北を知ることは重要です。しかし、知識だけに終わらせないでください。お日さまがどこから昇って、どこへ沈むのかわからない子がいて驚いたことがあります。ぜひ、子どもに西に沈む夕日を見る体験をさせてください。

北が寒く、南は暖かいということがわかっていない子もいます。この子たちは、勉強ができないわけではありません。知識はあるのです。ところが、実体が伴わないのです。表面的な知識を得るだけでは、勉強する楽しさを味わえなくなってしまいます。

具体策

東西南北の知識を得るのも結構ですが、まず、太陽の位置を確かめることからはじめてください。

太陽は東から昇って、西へ沈みます。私たちは、これを常識問題として子どもたちに教えています。でも、果たして本当に西東がわかっているかは疑問です。

朝日を見なければ、朝日と東は結びつかないでしょう。また西にしても沈む夕日を見なければ、夕日と西を関連づけられません。

東西南北を子どもに教えるのは、簡単なようでいて難しいのです。住んでいる地域にもよるでしょうが、山が見えるほうが北、海が見えるほうが南というように、目当てとともに教えてください。それでも、別の土地へ遊びに行くと、山と海の方角が逆になることもあります。その点、東から昇って、西に沈む太陽は不変です。

教室のお母さん方にもお願いしていますが、一度でいいですから、朝日が昇るところを子どもに見せてあげてください。昇りきった朝日でもいいのですが、いずれにしても早朝です。そして「お日さまが昇ってきたから、あっちが東だね。あれが朝日よ」と言葉にしてください。朝日を見ても、「朝日」と言葉にしてあげなければ、自分が見ているものがなんなのかが、わからないでしょう。

陰山先生の言うように夕日ならもっと頻繁に見せてあげられますね。買い物の帰り道にでも「夕日がきれいね」とか「お日さまが沈むから、あっちが西よ」と語りかけてください。東西南北を知識として教えるのは、こうしたことができたうえでの話です。いまの時点では、方向・方角というものがあるのだな、ということが、なんとなくわかっていればよいのではないでしょうか。

にし

ひがし

太陽が昇るほうが東、沈むほうが西。知識だけではなく、実際に朝日、夕日を見せてあげましょう。同時に「朝日が昇ってきたから、あっちが東よ」「お日さまが沈むから、こっちが西よ」と言葉にすることが大事。朝日と東、夕日と西が結びつきます。

29 買い物ゲームで一度に3つのことを聞き取らせる

全身を耳にして遊ばせましょう。
大事なことを自然と聞き取れるようになります。

何が大事かを判断しながら聞き取る能力はたいへんに重要です。先生の話を聞きながら、ここが大事、問題を読みながら、ここがポイント、とわかるようになれば、つまずくことは少なくなるでしょう。

聞き取る能力は遊びの中でも充分に身につけられます。正司先生が実践している形の違いや大小を意識させる遊びは、算数の比較の問題にもつながります。比較して特徴をつかみ、認識する。これこそが、低学年の算数の中心的な作業なのです。

具体策

私の教室では買い物ゲームを通して聞く力を養っています。形も色も大きさも違ったいくつものおはじきの中から、ひとつを選び取ってかごに入れるゲームです。「小さくて、黄色のお花のおはじきください」と言われたら、この特徴を持つおはじきをかごに入れます。

最初は「大きい丸ください」とか「赤い丸ください」と大きさと色のふたつだけに絞るといいでしょう。なれてきたら3つの特徴を並べるようにします。正解したら「ピンポンピンポン、すごい、取れたね」と言って、ほめながら正解の合図をしてあげるとゲーム感覚で楽しめます。

ゲームだけに終わらせずに、実際に子どもに専用のかごを持たせて一緒に買い物もしましょう。「にんじんを2本とトマト1個入れてちょうだい」などと頼むようにすると、ものの名前も覚えられます。

他にも、いくつかの単語をおうむ返しする「やまびこゲーム」なども聞き取る能力を養えます。「やまびこゲーム」とは、「コップ」「キリン」「ライオン」とお母さんが並べた単語を、文字どおりやまびこのように返すだけの単純なゲーム。特別な道具もいらず、いつでもどこでも楽しめます。病院やレストランで待っているとき、遊園地で並んでいるときなども、いいですね。

ただし、1回やって終わりにしないでください。何回も、何日も繰り返しましょう。

子どもは、はじめから注意深く聞き取れるわけではありません。でも、訓練を積み重ねていくうちに、その能力が身につくのです。続けられるようになるには、楽しく遊べる工夫が必要です。

買い物ゲーム。「ピンクの小さなお花のおはじきくださ〜い」と言われたら、その特徴を持つおはじきを選んでかごに入れます。注意深く聞き取る能力と形を比較する能力を養えます。ゲームですから、あくまで楽しく遊ぶようにしましょう。

お母さんが口にした単語3つを、おうむ返しするやまびこゲーム。聞き取った言葉をそのまま声に出して言えるようになるのも大事。

30 7文字以上の文章を聞いて覚えられるようにする

主語述語を聞いて、そのまま言えるようにする。
音読ができるようになるための練習です。

私の前任校では百ます計算同様、暗唱を日課にしていました。

音読、暗唱に必要な能力として、最低7文字からなる文章を、その場で暗記して言えることが大切。こんな話を聞いたことがあります。

これまでの私の実践と照らしてみて、なるほどとうなずきました。頭の中にどれだけの文章量を入れることができ、そして入れたものをそのままアウトプットできるかが、暗唱のカギになります。

実践を通じて私がいつも驚くのは、子どもの能力の素晴らしさです。練習すれば、びっくりするほどの量を頭に詰め込み、アウトプットできるのです。

具体策

単語のおうむ返しはできても、これが文章となると子どもにとってはやっかいです。一字一句もらさず聞かないと、言い返せません。

〝一字一句間違えずに正確に〟、ここがもっとも大切な点です。「花が咲いています」の一文を同じように繰り返そうとしても「花が…」、「花を…」、あるいは「花」だけで終わってしまう子もたくさんいます。

私たちの教室では、「花が」の「が」と「咲いています」の「ます」までハッキリと言えるように、何回も訓練します。

文章は主語と述語で成り立っていますから、最低7文字は覚えられないと、文章を聞いて繰り返すことはできません。主語述語が完璧に言えるようになったら、「あかい」、「たくさん」といった形容詞などを加えて文章を少しずつ長くしていきます。

最初から、全文は覚えられないでしょう。でも、あきらめないください。文節ごとに区切りながらでもいいんです。「花が咲いています」の「花が」で切って促し、また次の3文字「咲いて」で切ってというように。何回も練習しているうちに言えるようになります。全文を一字一句間違えずに繰り返せるようになったら「すごいねえ」とほめて評価してあげましょう。文章を増やすのは主語述語が完全に飲み込めるようになってからにしてください。

お勉強感覚ではなく、あくまでゲームのように楽しみましょう。74ページでも触れましたが、ちょっとした空き時間に気軽にできると思います。絵本の読み聞かせでも、7文字程度の文を読んで、「お母さんのまねして」と楽しんでもよいですね。もちろん物語を楽しむ邪魔にならない程度に。

あかいはなが、たくさんさいています。

あかいはなが、さいています。

はながさいています。

最初は主語述語だけの文のおうむ返しを。徐々に文を長くします。このときに注意するのは「が」や「ます」など、一字一句間違えずに繰り返させるようにすることです。

31 五人一首に挑戦してみる

めざせ百人一首、まずは五首から。
子どもは意味ではなく、音を楽しんで覚えます。

私が勤めていた土堂小の実践のひとつに、百人一首があります。札を取る時間を競うプログラムで、5年生の授業に取り入れていました。百人一首と学校の勉強とどう関係があるのか、と思われる方もいらっしゃるでしょう。少しでも札を早く取ろうとするために全神経を研ぎ澄ましますから、集中力が鍛えられます。加えて、百首覚えられたことが、子どもたちの自信につながります。百人一首で身につけた集中力や自信は、中学や高校の勉強でも威力を発揮するようになるのです。百首が無理なら、まずは五首くらいからはじめてはどうでしょうか。

具体策

百人一首は、ご存知のように、取り札には下の句しか書かれていません。上の句を聞いただけで取れるようになるためには、和歌の全文を暗記しなくてはなりません。でも、和歌そのものはたいへんにリズミカルですから、意味がわからなくても、何回も繰り返し聞いたり、口に出したりしているうちに覚えられるようになります。暗記する力、聞く力をつけるのに、うってつけの遊びです。

私は教室のお母さんたちに、さかんに百人一首をすすめています。ただ、まだ字の読めない子が、最初から札を取ったり、まして百首も覚えるのは難しいでしょう。口移しで教えてあげてください。「ひさかたの～」とお母さんが言ったとおりに、子どもに繰り返させるのです。まずは五首を暗記しましょう。上の句を聞いて、下の句が言えるようになったら、完全に覚えたということです。

五首は、どの句でも構いません。お母さんの好きな句がいいのではないでしょうか。ただ、不思議なことに、意味はまったくわからないにもかかわらず、子どもには必ず好きになる句があります。語呂がいい、言葉の響きがおもしろい、なぜか自分に響く、と理由はそれぞれのようです。好きな句は、やはり早く覚えます。

五首全部覚えたら、いよいよ札を5枚並べて取ります。絵のついた札でもいいでしょう。

百人一首というと敬遠するお母さんもいますが、あまり深く考える必要はないでしょう。5、6歳の子が歌の意味をお母さんに聞くようなことはありません。自分が意味がわからないから…と避けることもないのです。子どもはあくまで、音そのものを楽しんでいるのです。

きみがため　はるののにいでて　わかなつむ
わがころもでに　ゆきはふりつつ

はなのいろは　うつりにけりな　いたづらに
わがみよにふる　ながめせしまに

ひさかたの　ひかりのどけき　はるのひに
しづごころなく　はなのちるらむ

これやこの　ゆくもかへるも　わかれては
しるもしらぬも　あふさかのせき

あまのはら　ふりさけみれば　かすがなる
みかさのやまに　いでしつきかも

いにしへの　ならのみやこの　やへざくら
けふここのへに　にほひぬるかな

あまつかぜ　くものかよひぢ　ふきとぢよ
をとめのすがた　しばしとどめむ

まずは五首を丸暗記。全文覚えたら、札と句を一致させて覚えるようにします。札の並べる位置を決め、上の句を聞いて札をサッと取る訓練です。

1年生の学校生活1年間

1年生が学校で習うこと、体験することをまとめてみました。昔に比べて、授業の進行は早くなっています。でも、焦らないで。普段の生活の中で文字に親しみ、数の概念が身についていれば大丈夫。たいせつなのは、楽しみながら勉強できることです。

※教科書によって、学習内容が前後する場合があります。また、地方や学校によって、学期制、行事内容、呼び方が違うこともあります。

月	4月	5月	6月	7月
3学期制	1学期 学校生活になれ、基本的な学習・生活ルールをつかむ			
2学期制	前期 →			
目標	学校生活になれる	基本的な学習ルールの体得		1学期のまとめ
国語	・ひらがなを読む ・絵を見て、想像したことを話し合う ・口をはっきり開けて発音する ・正しく鉛筆を持つ	・あいさつや返事が適切にできる ・主語・述語で組み立てられた文章を読む ・はっきりとした発音で話す ・ひらがなを書く	・はっきりした発音でリズミカルに音読する ・つまる音「っ」の働きや書き方を理解する ・絵と文を結びつけて読む	・お話を読んで、おもしろいと思うところを話し合う ・自分の知っていることについて話す ・感想を文に書く
算数	・数量に関心を持つ ・1対1対応による数の大小がわかる ・5までの数の読み書き、合成・分解がわかる	・10までの数がわかる ・順序数（何番目）を知る ・方向、位置の概念がわかる ・6～9までの合成と分解がわかる	・10の合成と分解がわかる ・たし算の意味がわかる ・身のまわりにあるもので平面・立体図形を構成する	・ひき算の意味がわかる ・くり下がりのないひと桁のひき算ができる ・たし算とひき算の違いがわかる
生活	・友だちや先生と楽しく遊ぶ ・学校を探検していろいろな施設について知る	・学校を支えている人たちに会う ・体験したことを絵に描いたり、話したりする ・種をまいて、発芽を観察する	・自然のなかで友だちと遊ぶ ・公園の施設や遊具、自然を利用して遊ぶ	・植物を育てて花を観察する ・近隣の自然のなかで、虫とりや水遊びを体験する
主な行事	・入学式 ・授業参観 ・保護者会 ・給食開始 ・身体測定	・遠足 ・PTA総会 ・家庭訪問 （運動会）	・授業参観 ・保護者会 ・給食試食会 ・プール開き	・保護者会 ・避難訓練 ・終業式 （3学期制）

	9月	10月	11月	12月	1月	2月	3月
		2学期　友達関係が深まり、行事などの役割もこなせるようになる			3学期　2年生へ向かっての生活・学習のまとめ		
		後期					
	生活のリズムを取り戻す	大きな行事への取り組み・集団活動		2学期のまとめ	学習の基本の再確認	2年生へ向けての希望・意欲を育てる	
	・物語を読んで楽しさを言葉や動作で表現できる ・漢字の形に興味を持ち、意味を確かめる ・簡単な漢字を書く	・出来ごとの順序をよく思い出して書くことができる ・かたかなを書く ・物語を音読してあらすじをつかむ	・文章の約束事を知る ・主人公の気持ちを想像して読む ・音を表す言葉をカタカナで書く	・詩のリズムを味わいながら読むことができる ・様子を考えて音読する ・ていねいな言葉とふつうの言葉の違いを知る	・言葉遊びをする ・はっきり話す ・しっかり聞く	・文を読んだ内容を自分でも調べる ・話題を選んでよくわかるように文を書く	・小さかったときのようすを家の人に聞いてまとめる ・長い物語を場面にわけて内容をつかむ ・熟語を使って文を作る
	・20までの数の大小がわかる ・「長さ」がわかる ・時刻の読み方がわかる	・三角形と四角形を理解する ・3つの数のたし算、ひき算をする ・繰り上がりのあるひと桁のたし算をする	・10いくつの数からひと桁の数を引く、繰り下がりのあるひき算をする ・3つの数のたし算とひき算がまじった計算をする	・文章題を読んで、式を組み立てる ・0のたし算、ひき算をする ・ゲームをしながら、たし算、ひき算をする	・「面積、体積」がわかる ・100までの数がわかる ・100まで数えることができる	・100より大きい数がわかる ・簡単な2桁のたし算、ひき算をする	・100までの数を使った買い物遊びをする ・簡単な立体の投影をする ・面の組み合わせによる絵かき遊びをする
	・生き物を飼育して観察したことを文にまとめる ・観察した結果を絵にする	・小動物に触れ、世話をする ・花が枯れて、種になる様子を観察する ・実を収穫する	・町に出て紅葉などから秋の様子を観察する ・集めた落ち葉で楽しく遊ぶ	・公園で越冬にそなえる虫などを探して季節を知る ・季節探検をして、その日の出来ごとを文章に書く	・家庭でのお手伝いを通して、家族の役割を知る ・昔の遊び、外国の遊びなどを調べてやってみる	・家族について取材したことを、学校で発表する ・生き物の冬のすごし方を観察する ・雪や氷で遊ぶ	・1年間の思い出をまとめて、自分の成長を知る ・新1年生を迎える準備をする
	・始業式（3学期制） ・引き取り訓練	・（運動会） ・終業式（2学期制） ・始業式（2学期制） ・発表会	・学習発表会 ・個人面談	・保護者会 ・年末大掃除 ・終業式（3学期制）	・始業式（3学期制） ・書き初め展	・授業参観 ・保護者会 ・PTA総会	・6年生を送る会 ・年度末大掃除 ・終業式

内容は、「入学準備小学一年生」（2010年発行）入学直前号付録より一部抜粋し表組に構成。一部表記を変更してあります。

繰り返すことで身につく
もじとかず
反復練習プリント

百ます計算は単純計算を繰り返すことで計算力と集中力を養います。ここでは、2ますのたし算から取り組めるようにしました。まずは、ますの計算になれてから、徐々にますの数を増やしていくようにしてください。無理は禁物です。

私の前任校では、全校で百ます計算に取り組んでいました。しかし、1年生の子どもたちにとって、いきなり百ます計算は難題です。2学期の後半から25ます計算を手始めに、百ます計算をめざしていました。

2ます計算からはじめる場合、タイムよりも、できたというだけでほめてあげてください。

就学前の子どもは努力するという意味がわかっていません。この年齢の子どもに努力させようとしても、計算嫌いになるだけです。ですから、楽しみながら続けることがカギになります。そのためにも、短時間で切り上げることが大切です。

1日5分程度で充分です。ただし毎日続けることが大切です。2、3回試して終わりにしないでください。続けるうちに計算が早くなり、子どもが達成感を味わえるようになります。

もし、いやがるようなら、なぜなのかを考えるようにしてください。子どもの入学を目前にすると、急にはりきってしまうお母さんがいますが、意気込みすぎていないか、叱りつけたりしていないか。疑うべきは子どもの能力ではなく、教える側の姿勢なのです。何事も子どもをよく見て判断することが重要です。

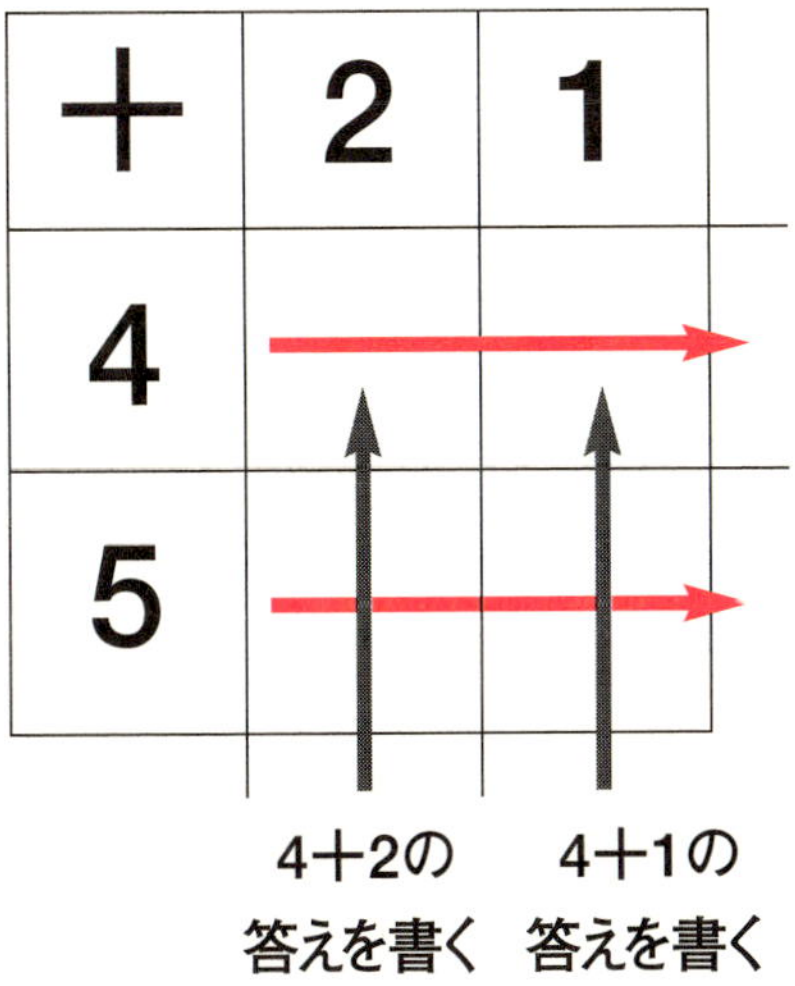

おうちの方へ

横のます目と縦のます目が交差したますに答えを書き、横一列に進みます。プリントにはタイムを記入するものもありますが、あまりタイムを気にせずに楽しくできることが大切です。ただし、毎日練習しているとタイムは上がります。タイムが上がったら、ほめてあげてください。なまえの欄は、名前を書く練習になりますから、毎回記入するようにしましょう。繰り返し練習できるよう、必ずコピーを取ってから使ってください。

完全に覚えるまで、最低20回は繰り返してください。
85〜86ページは最低30回の反復が必要です。
2〜3回程度では覚えられません。ただし1日5分程度です。

1+1・2　2〜5ますたしざん　月　日 なまえ

+	1	2
1		

+	2	1
1		

+	2	1	2
1			

+	1	2	1	2	1
1					

1+1〜3　3〜5ますたしざん　月　日 なまえ

+	1	3	2
1			

+	3	1	2
1			

+	2	1	3
1			

+	2	1	3	2	3
1					

+	3	2	1	3	2
1					

1+1〜4　4〜10ますたしざん　月　日 なまえ

+	3	2	4	1
1				

+	4	3	1	2
1				

+	2	1	3	4	2	3	4	1	3	4
1										

1+1〜5　5〜10ますたしざん　月　日 なまえ

+	4	2	5	3	1
1					

+	5	3	2	4	1
1					

+	5	3	4	2	5	3	4	5	1	5
1										

2+1・2 2〜5ますたしざん

月　　日 なまえ

+	1	2
2		

+	2	1
2		

+	2	1	2
2			

+	1	2	1	2	1
2					

2+1〜3 3〜5ますたしざん

月　　日 なまえ

+	1	3	2
2			

+	3	1	2
2			

+	2	1	3
2			

+	2	1	3	2	3
2					

+	3	2	1	3	2
2					

2+1〜4 4〜10ますたしざん

月　　日 なまえ

+	3	2	4	1
2				

+	4	3	1	2
2				

+	2	1	3	4	2	3	4	1	3	4
2										

2+1〜5 5〜10ますたしざん

月　　日 なまえ

+	4	2	5	3	1
2					

+	5	3	2	4	1
2					

+	5	3	4	2	5	3	4	5	1	5
2										

□+1・2　2〜5ますたしざん　月　日 なまえ

+	1	2

+	2	1

+	2	1	2

+	1	2	1	2	1

□+1〜3　3〜5ますたしざん　月　日 なまえ

+	1	3	2

+	3	1	2

+	2	1	3

+	2	1	3	2	3

+	3	2	1	3	2

□+1〜4　4〜10ますたしざん　月　日 なまえ

+	3	2	4	1

+	4	3	1	2

+	2	1	3	4	2	3	4	1	3	4

□+1〜5　5〜10ますたしざん　月　日 なまえ

+	4	2	5	3	1

+	5	3	2	4	1

+	5	3	4	2	5	3	4	5	1	5

□の部分に3、4、5の数字を書き込み、前ページ同様に2〜10ますたし算のプリントをそれぞれ作りましょう。

つぎのかずに　いくつたすと　5になりますか。

月　　日 なまえ

1	5	3	2	0	4	3

2	0	4	1	5	4	3

つぎのかずに　いくつたすと　5になりますか。

月　　日 なまえ

3	1	2	0	4	5	1

2	4	1	5	0	2	3

つぎのかずに　いくつたすと　5になりますか。

月　　日 なまえ

4	2	0	3	1	4	5

3	2	5	1	3	4	0

25ますたしざんに　ちょうせん

分　　秒

月　　日 なまえ

＋	3	5	4	2	1
2					
4					
0					
1					
3					

50ますたしざんに　ちょうせん

分　　秒

月　　日 なまえ

＋	2	3	5	1	4	3	1	4	0	2
2										
5										
1										
3										
4										

百ますたしざんに ちょうせん

分 秒

月 日 なまえ

+	3	5	1	4	3	0	2	1	4	2
4										
2										
4										
5										
0										
2										
3										
1										
3										
1										

音読

ことわざ

笑《わら》う門《かど》には福《ふく》来《き》たる

山椒《さんしょう》は小《こ》粒《つぶ》でもぴりりと辛《から》い

七《なな》転《ころ》び八《や》起《お》き

塵《ちり》も積《つ》もれば山《やま》となる

早《はや》起《お》きは三《さん》文《もん》の得《とく》

おうちの方へ

声に出すことで、文章のリズムが体に刻み込まれます。自然と早く言えるようになるのが理想。集中力が鍛えられます。まずお子さんにお手本を示してください。ポイントはお腹の底から声を出すこと。大きな声でハッキリと発音しましょう。次にお子さんが繰り返します。全文が無理なら、文節ごとに区切ってもいいでしょう。

紹介した文は、子どもが読みやすいように、一部を現代表記に変えています。

俳句《はいく》

古池《ふるいけ》や　蛙《かわず》とびこむ　水《みず》の音《おと》

春《はる》の海《うみ》　終日《ひねもす》のたり　のたりかな

五月雨《さみだれ》を　あつめて早《はや》し　最上川《もがみがわ》

しずかさや　岩《いわ》にしみ入《い》る　蟬《せみ》の声《こえ》

雀《すずめ》の子《こ》　そこのけそこのけ　御馬《おんま》が通《とお》る

カードにもなる ひらがなの表

な	た	さ	か	あ
に	ち	し	き	い
ぬ	つ	す	く	う
ね	て	せ	け	え
の	と	そ	こ	お

ん	わ	ら	や	ま	は
	(い)	り	(い)	み	ひ
	(う)	る	ゆ	む	ふ
	(え)	れ	(え)	め	へ
	を	ろ	よ	も	ほ

※表記は１年生の国語の教科書に準じています。拡大コピーして切り取り裏に厚紙を貼るとカードになります。(10〜13ページ参照)

鉛筆なれドット

おなじようにかきましょう。

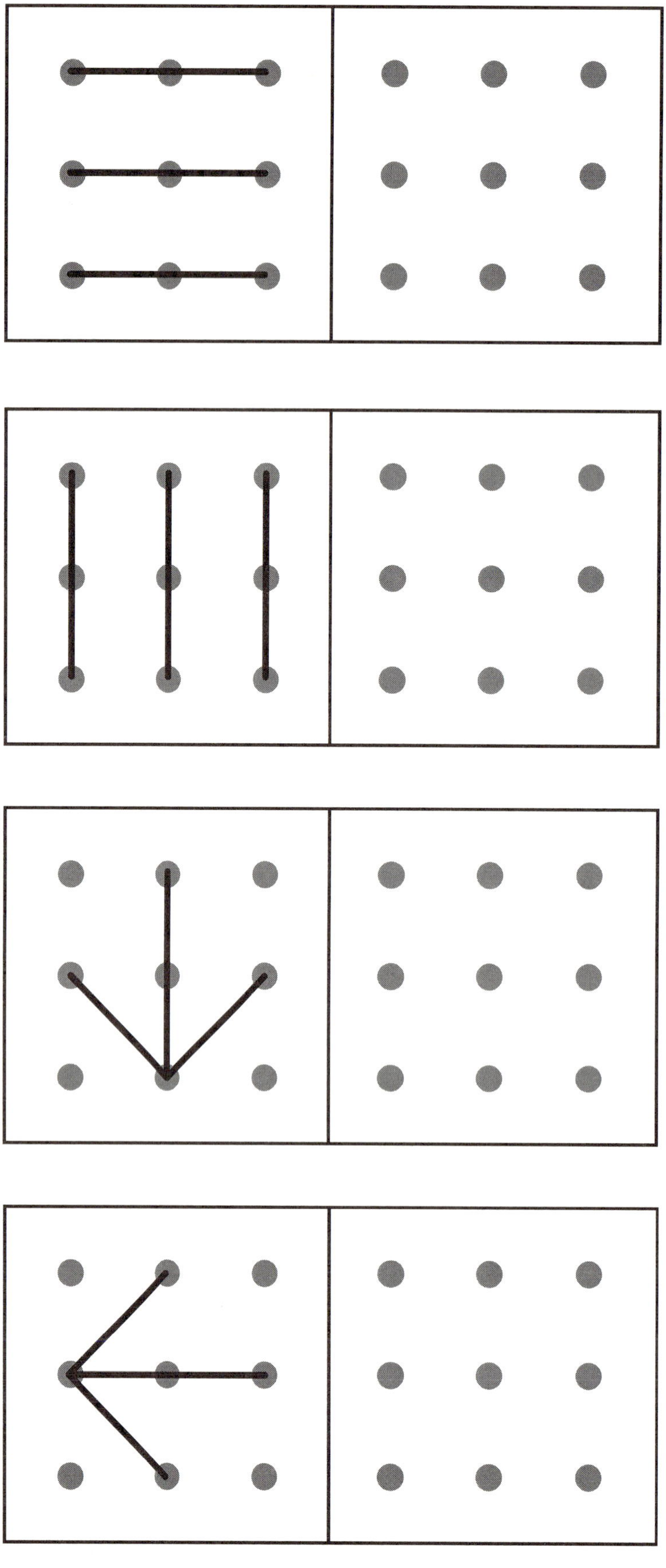

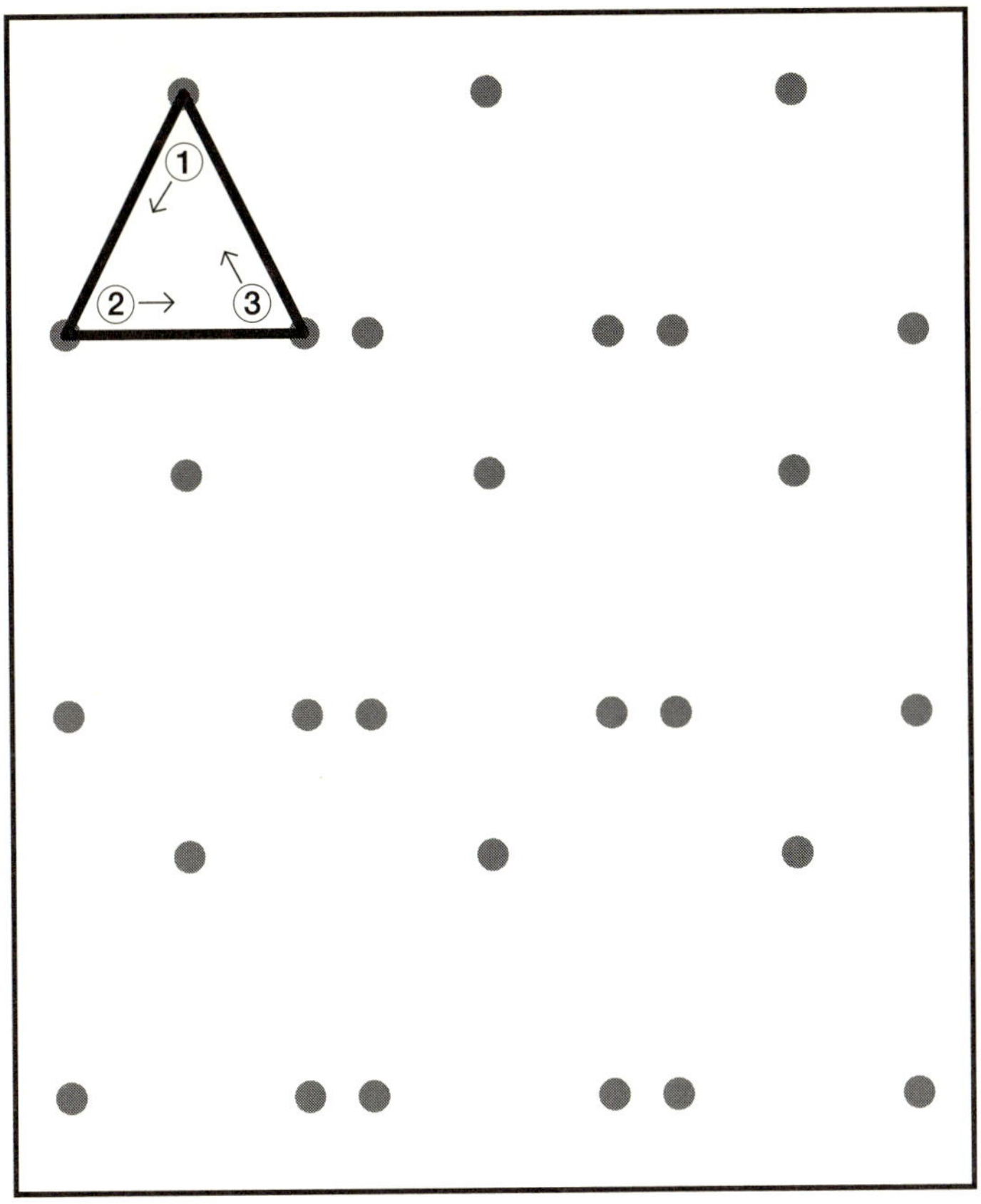

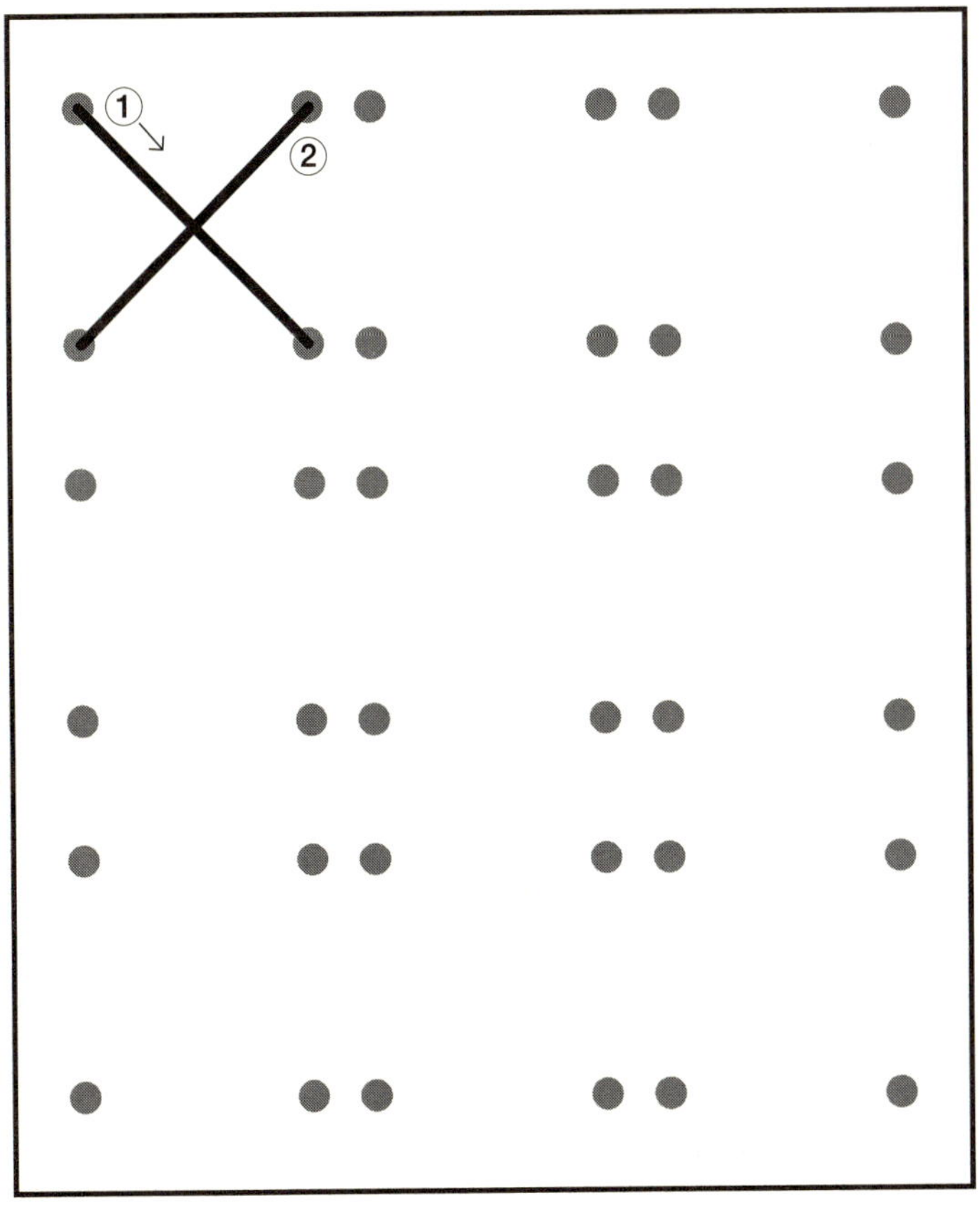

おうちの方へ

鉛筆でドット（黒丸の点）同士を結んで、縦、横、斜めの線を引く練習。子どもは特に斜めの線を引くのが、苦手です。斜めの線はひらがな、数字の「２」「４」や「６」「７」「９」など多くの字に使われています。何回も練習して、なれるようにしましょう。筆圧がまだ弱いので、鉛筆は、２Ｂ以上の芯の軟らかなものにします。プリントは繰り返し使えるようにコピーするか、同じようなドットをチラシの裏などに書いて練習してください。

PROFILE

正司昌子（しょうじ・まさこ）

1933年兵庫県生まれ。大阪音楽短期大学ピアノ科卒業後、ピアノ講師として活躍。後年その経験を生かして幼児教育に取り組む。87年、0歳から小学校入学前までの子どもを対象として全人教育をめざし幼児の能力開発教室「レクタス教育研究所」を開設、多くの子どもを有名私立小学校に送り出す。一方、独自のマンツーマン指導により、やる気のない子ども、学習能力などに問題がある子どもを、飛躍的に伸ばすことでも定評がある。主著に『正司式ぐんぐん伸びる「かくちから」プリント』『同　「かぞえるちから」プリント』『同　「よむ〈きく・はなす〉ちから」プリント』（ともに小学館）、『授乳時のケータイで子どもは壊れる』（ベスト新書）、『あせらないでお母さん』（三一書房）、『「幸せな女の子」を育てる母親講座』（PHP研究所）。

陰山英男（かげやま・ひでお）

立命館小学校副校長　立命館大学教授。1958年兵庫県生まれ。岡山大学法学部卒業。兵庫県朝来町《あさごちょう》立山口小学校教諭時代に、独自のプログラムに基づいた「読み、書き、計算」の徹底反復と家庭生活の改善で学力を驚異的に伸ばす。その指導法は「陰山メソッド」として全国に広がり、教育者や保護者から注目を集めている。文部科学省の中教審特別委員。『徹底反復　百ます計算』『同　漢字プリント』『同　社会科プリント』など徹底反復シリーズ、『学力再生』『学力は家庭で伸びる』（すべて小学館）、『本当の学力をつける本』（文藝春秋）など著書多数。
http://kageyamahideo.com/

入学準備 陰山《かげやま》メソッド
小学校でつまずかない
「もじ」と「かず」家庭ワーク

2004年2月10日初版第1刷発行
2010年7月20日初版第6刷発行

発行人　伊藤礼子
発行所　小学館
〒101－8001
東京都千代田区一ツ橋2－3－1
電話　編集……03－3230－5442
　　　販売……03－5281－3555
印刷所　共同印刷株式会社
製本所　株式会社難波製本

ISBN 4-09-345362-4

取材・構成／平野佳代子
デザイン／桜庭文一・佐瀬裕子・高橋桂子＋ciel inc.
イラスト／武曽宏幸
撮影／北村凡夫
編集／青山明子